障害児教育シリーズ 4

障害者福祉の現状・課題・将来

清水貞夫・中村尚子 共編

培風館

執筆者一覧（執筆順）
（　）内は分担の章節を示す

清水　貞夫 (しみず さだお)	宮城教育大学教育学部教授	(1章, 4-1)
別府　悦子 (べっぷ えつこ)	中部学院大学人間福祉学部助教授	(2-1)
駒田　閑子 (こまだ やすこ)	岐阜市発達相談センターあおぞら療育相談員	(2-1)
阿部　哲美 (あべ てつみ)	北海道医療大学看護福祉学部教授	(2-2)
布施佐代子 (ふせ さよこ)	中京短期大学助教授	(2-3)
中村　尚子 (なかむら たかこ)	法政大学文学部講師	(3章, 8章)
小賀　久 (こが ひさし)	北九州市立大学文学部助教授	(4-2)
日比野正己 (ひびの まさみ)	長崎純心大学人文学部教授	(5章)
高橋　実 (たかはし みのる)	福山市立女子短期大学助教授	(6章)
鈴木　勉 (すずき つとむ)	佛教大学社会学部教授	(7章)

本書の無断複写は，著作権法上での例外を除き，禁じられています。
本書を複写される場合は，その都度当社の許諾を得てください。

まえがき

　本書は，教員養成系学部などで教員をめざす学生を対象として，障害者福祉論の入門を講じるための教科書ないし参考書として編集されました。
　教員養成大学には，教員免許状を取得しないで卒業することのできる課程が設置され，既に10年あまりが経過しました。そうした課程の一つに，福祉系の学科があったりし，そこでは障害者福祉論が用意されていたりします。そうした際に使用する教科書ないし参考書として編集しました。また，教員養成大学にあっては，障害児教育の教員養成課程であるかないかに関係なく，卒業後に教職につかないで福祉職に進む学生が増加したのに対応して，障害者福祉の講義が用意されてきています。加えて，教員をめざす学生は，社会福祉施設での介護等の体験が義務づけられ，学生の福祉への関心が高まってきています。こうした需要に応えようとしたのが本書です。
　このように述べると，本書は，教員養成での障害者福祉論の教科書ないし参考書にすぎないのかと思われますが，そうではなく，大学における教養教育において，最新の障害者福祉の現状・課題・将来が展望できるように，編集したつもりです。今日，障害者にかかわる問題は，単に，障害者に限定された固有の問題であるだけでなく，広く国民にかかわる問題です。その意味で，本書を通して，障害者問題が広く国民にいかにかかわっているのかを解き明かしてほしいと願います。
　ところで，21世紀はすでに始まっていますが，その始まりにあわせて，さまざまな「構造改革」が叫ばれています。障害者福祉の分野も例外ではありません。そうした「構造改革」の一つとして，2003年4月からは，障害者福祉は措置制度から支援費制度にかわります。その変化は，利用者と福祉サービス提供者の対等平等をうたい文句にした「改革」ではありますが，本当に，21世紀にふさわしい豊かな障害者福祉の礎になるのか懸念されています。このような変化の中で，障害者福祉の現状・課題・将来を論じることは容易なことではありません。その容易ならざる問題を若き学生とともに一緒に考える素材を提供しようとしたのが本書です。本書が，十分に，そうした素材提供になっているかどうかは，批判をうけなければなりません。

最後に本書の玉稿を寄せていただいた方々に感謝を申し上げます。原稿を頂いてから，かなり時間が経過した方もありますが，辛抱強く出版をまっていただきありがとうございました。言い訳をすれば，この間，国立大学を巡る動向は，研究をまとめる時間を奪い，執筆者が一斉に原稿を寄せてくださることにならなかったのです。ご容赦いただきたく存じます。

　2003年4月

執筆者代表　清水　貞夫
中村　尚子

目　　次

1章　障害者の人権とノーマライゼーション
　　　―第二次世界大戦後の障害者福祉の展開に即して― ―――――――1
　1-1　20世紀を振り返る　1
　1-2　ノーマライゼーションの起こりと発展　3
　1-3　ノーマライゼーション理念の普及と人権の時代の幕開け
　　　　―「国際障害者年」と「国連・障害者の十年」―　4
　1-4　「障害者基本法」と「障害者計画(プラン)」　7
　1-5　人権保障・人権擁護・差別禁止　8
　1-6　ま と め　10

2章　障害の早期発見と療育――――――――――――――――――17
　2-1　乳幼児健診制度　17
　　　(1)　は じ め に　17
　　　(2)　発達保障の視点　18
　　　(3)　法令における障害の早期発見の位置づけ　20
　　　(4)　乳幼児健診制度の課題　23
　　　(5)　岐阜県本巣町の乳幼児健診　24
　2-2　障害乳幼児へのサービスと早期療育制度　28
　　　(1)　は じ め に　28
　　　(2)　障害乳幼児に対する早期療育の役割　29
　　　(3)　障害児への対応　30
　　　(4)　親への子育て支援　31
　　　(5)　早期療育の支援体制――地域システム　32
　　　(6)　早期療育の今後　35
　　　(7)　お わ り に　37
　2-3　保育所での障害児保育　39
　　　(1)　障害児保育の意義と目的　39
　　　(2)　障害児保育制度の歩み　39
　　　(3)　保育所での障害児保育の実際　41
　　　(4)　就学に向けて――子どもを中心に，親と保育者と専門機関が
　　　　　手をとりあって――　46

3章　地域での生活を支える ―――――――――――――――― 51

- 3-1　障害児の地域・家庭生活　51
  - (1)　はじめに　51
  - (2)　放課後生活の特質　52
  - (3)　放課後生活保障の場　55
  - (4)　介護者の健康問題　56
- 3-2　障害者の自立と地域生活　59
  - (1)　はじめに　59
  - (2)　在宅福祉とは　59
  - (3)　障害者の生活と在宅サービス　60
- 3-3　地域での生活を支える視点　63

4章　障害者の働く生活 ――――――――――――――――――― 67

- 4-1　事業所で働く　67
  - (1)　わが国の障害者雇用促進の歩み　67
  - (2)　雇用率制度と納付金制度を骨格とする日本の障害者雇用法制　69
  - (3)　障害者雇用の現状　72
  - (4)　福祉工場と保護雇用　75
  - (5)　地域での障害者の雇用・就労支援のネットワーク　76
- 4-2　小規模作業所　79
  - (1)　はじめに　79
  - (2)　小規模作業所の登場と展開　80
  - (3)　小規模作業所の意義と役割　83
  - (4)　小規模作業所の政策的位置と課題　86

5章　バリア・フリー ―――――――――――――――――――― 93

- 5-1　はじめに　93
- 5-2　バリア・フリーとはなんだろう？　93
  - (1)　バリア・フリー現象　93
  - (2)　バリア・フリーの意味　96
- 5-3　バリア・フリーと障害者の社会参加　96
  - (1)　障害者の社会参加は権利である　96
  - (2)　福祉のまちづくり　97
  - (3)　国際障害者年とADA法　97
- 5-4　バリア・フリーの最新施策　98
  - (1)　超高齢社会　98
  - (2)　ハートビル法　98
  - (3)　交通バリアフリー法　102
  - (4)　交通権憲章　102

目　　次　　v

　　5-5　バリア・フリーの思想　102
　　　　(1)　四つのバリアと課題　102
　　　　(2)　バリア・フリー・デザイン　103
　　　　(3)　バリア・フリーの意義　104
　　5-6　おわりに　104

6章　転換期の障害者施設の現状と課題 ——————————— 107

　　6-1　はじめに　107
　　6-2　障害者施設での支援の現状と課題　108
　　6-3　ライフサイクルと障害者(児)施設　110
　　　　(1)　乳幼児期・児童期の障害児施設　110
　　　　(2)　成人期の障害者施設　114
　　　　(3)　高齢期の障害者施設　119
　　6-4　社会福祉基礎構造改革と障害者施設　120
　　6-5　障害者福祉サービスと支援費支給制度　121
　　6-6　利用者へのサービスの質の確保と権利擁護　127
　　6-7　施設機能の変化と今後の課題　129

7章　所得保障 ——————————————————————— 135

　　7-1　はじめに　135
　　7-2　わが国における所得保障制度の問題点　135
　　7-3　所得保障制度とナショナル・ミニマム　137
　　　　(1)　ナショナル・ミニマムとは何か　137
　　　　(2)　ナショナル・ミニマム論の展開　138
　　　　(3)　所得保障政策の転換の論理としてのナショナル・ミニマム　139
　　7-4　朝日訴訟——生活保護基準とナショナル・ミニマム　140
　　　　(1)　朝日訴訟の争点と経過　140
　　　　(2)　生活保護基準とナショナル・ミニマム　141
　　7-5　堀木訴訟——無拠出制の年金・手当の併給とナショナル・ミニマム　142
　　　　(1)　堀木訴訟の争点と経過　142
　　　　(2)　無拠出制の年金・手当におけるナショナル・ミニマムの意義　143
　　7-6　知的障害者の障害基礎年金支給を求める審査請求事件　144
　　7-7　所得保障と人間発達——所得保障で福祉は実現するか　146

8章　社会福祉基礎構造改革と今後の課題 ——————————— 149

　　8-1　はじめに　149
　　8-2　障害者福祉における「基礎構造改革」　149
　　　　(1)　1980年代の障害者福祉　149
　　　　(2)　社会保障制度審議会「95年勧告」の役割　150

　　　　(3) 社会福祉基礎構造改革　152
　8-3　社会福祉法等の改正と支援費制度　154
　　　　(1) 社会福祉法等の改正とは　154
　　　　(2) 支援費制度の特徴　155
　　　　(3) 支援費制度の問題点　156
　8-4　お わ り に　157

索　引————————————————159

コラム

　　　法律による障害者の定義と障害者数　11
　　　国際生活機能分類(ICF)　13
　　　障害の予防・早期発見・早期治療の保健・医療施策　49
　　　障害者の生活実態　65
　　　ジョブコーチ　90
　　　障害者の人権擁護システム　132
　　　障害者の所得保障等の制度の沿革　148

1

障害者の人権とノーマライゼーション
―第二次世界大戦後の障害者福祉の展開に即して―

1-1 20世紀を振り返る

　20世紀は，障害者にとっていかなる世紀であったのであろう。20世紀の初頭，それは，障害者にとって暗黒の時代であった。障害者たちは，「欠陥者」として呼称され，犯罪・非行・浮浪・売春などの社会病理の元凶として理解され，通常の人たちとは別に用意された特別な施設で保護することが本人のためであるとともに社会にとっても望ましいと考えられた。そして，障害者を保護する収容施設が建設された。「欠陥者」は結婚を制限され，ときには断種の対象とされた。こうした「欠陥者」処遇を支えたのは，優生学であり社会防衛論であった。優生学は遺伝学の品種改良への適用ではなく人間への適用で人種改良をめざす偽学問であった。それは，社会防衛論と結びついて，極端なときは，「欠陥者」の社会からの除去が目指されたのである。こうした考え方が一つの社会思想として勢いをもったのは，第一次世界大戦と第二次世界大戦の間であり，ドイツのナチ政権は1933年に，「遺伝病子孫予防法」を制定し，精神障害者や知的障害者をガス室に送ったのである。わが国でも，1940（昭和15）年に，優れた民族と将来の兵員の卵としての健児を育成することをめざした「国民優生法」が成立している。世界大戦は多くの人たちの命を奪ったが，障害者はガス室に送られなくとも「穀つぶし」と呼ばれ「いじめ」の対象であったり，保護の名前の下での「隔離」の対象であった。

　第二次世界大戦後，敗戦日本は「日本国憲法」（1946年）を制定する。そこでは，「戦争の放棄」（第9条）が第二次世界大戦の教訓としてもりこまれている。第3章では，「基本的人権」が規定される。精神的な自由に関する基本権として，「思想・良心の自由」（19条），「信教の自由」（20条），「学問の自由」（23条），「表現の自由」（21条）が，また経済および社会的な基本権として「職業選択の自由」（22条），「財産権」（29条），「教育を受ける権利」（26条），「勤労の権

利」(27条),「幸福追求権」(13条),「国民の生存権」(25条)が規定された。国際社会もまた,戦争による災禍で多くの人命が奪われた事実を直視し,「世界人権宣言」(国連)を採択する(1948年)。同宣言は,第3回総会で採択され各国の達成すべき共通基準とされた。同宣言の第1条は,「すべての人間は生まれながらにして自由であり,かつ,尊厳と権利において平等である」ことを宣言している。また同宣言は,幅広い市民的・政治的権利とともに,勤労の権利,社会保障を受ける権利,生活保護を受ける権利,教育を受ける権利,文化生活を享有する権利などの社会的・文化的権利を規定している。

　第二次世界大戦後の世界,20世紀の後半は,自由の抑圧と戦争の20世紀前半と対比するなら,人間の尊厳を権利として規定することから出発したということもできる。しかし,第二次世界大戦直後の社会は,焼土と失業の中で,国民はその日を生きるのに精一杯であった。そうした中にあっても,救貧ではなく,慈善でもない,保護でもない社会施策を障害児者に対して求める声があがってくる。その声は,世界のそれぞれの国で,また国内の各地域であげられた。それは,本人があげることもあれば,本人の代弁者(アドヴォケート)があげることもあった。あげられた声は,次第に大きくなり,まとまりをもつ組織(団体)を持つようになる。そして,その組織はローカルな組織から全国組織へと次第に発展していく。第二次世界大戦後の日本においては,結核回復者が,各地での患者自治会をもち,1948年に全国組織,後の患者同盟を設立する。全日本聾啞連盟,日本盲人会連合も前後して結成される。肢体不自由分野では国鉄傷痍者団体連合会が,知的障害分野では日本精神薄弱者愛護協会(戦後の再建)もほぼ同時期に組織される。その後も,障害種別に,障害児の固有のニーズに社会的対応を求める「親の会」「守る会」が全国組織として活動を始める。そして,「親の会」「守る会」の求める社会的対応の目標は,当時,「収容」施設(今日では,「収容」施設という用語は使用されないで生活施設あるいは居住施設の用語が使用される)の整備であった。障害種別に障害児施設が逐次設置され,障害児は施設内で生活しケアを受けることになった。

　欧米でも,こうした第二次世界大戦後の動きは,ほぼ同じであった。しかし,欧米では,早くから,「収容」施設が障害児者の生活の場として規模を拡大し,そこでの処遇のあり方が集団的な画一性をもつとの批判が生まれる。ときには,「収容」施設は「人間倉庫」と呼ばれたりもした。「親の会」などは,当局に対して,施設内処遇の改善のために要求を突きつけていく。そうした過程で生まれたのがノーマライゼーションという思想である。ノーマライゼーション

思想の先導役は，バンク・ミケルセン，ニィリエ，ウォルフェンスベルガーの3人である。バンク・ミケルセンは，ナチ時代に強制収容所で収容所生活を経験していた。ニィリエは反ナチ活動の活動家であった。ウォルフェンスベルガーはナチのドイツから逃れて世界大戦後米国に帰化した人物であった。

1-2　ノーマライゼーションの起こりと発展

　ノーマライゼーションは，デンマークのバンク・ミケルセン(Bank-Mikkelsem, N.E.)が概念化した理念である。1950年代末に，デンマークの知的障害者施設に子どもを預けていた親たちは，子どもたちの処遇改善の要求を「障害があっても通常の子どもと同じ時間に朝食をとるのはノーマルなことではないか」「障害があっても通常の子どもと同じ時間に入浴するのはノーマルなことではないか」などの疑問をもち，施設のスタッフ不足や処遇条件の貧困ために，通常と考えられる日課がゆがめられている事実の是正を当局に求めたのである。バンク・ミケルセンは，そうした親たちの声をノーマライゼーションの要求として概念化したのである。

　バンク・ミケルセンの概念化はスウェーデンのニィリエ(Nirje, B.)により精緻に定義される。ニィリエは「すべての知的障害者の日常生活の様式や条件を，社会の通常の環境や生活様式にできるかぎり近づけること」とノーマライゼーションを定義した。そして，①一日の生活リズムのノーマル化，②一週間の生活パターンのノーマル化，③年間の生活パターンのノーマル化，④ライフサイクルでの経験のノーマル化，⑤選択や願望および要求の尊重，⑥異性の存在する社会生活，⑦ノーマルな所得・経済的水準，⑧生活する場の建築，規模，立地でのノーマル化，の八つを具体的な事項として示した。

　バンク・ミケルセンの概念化やニィリエの定義を北米的なノーマライゼーションにしたのが米国のウォルフェンスベルガー(Wolfensberger, W.)である。彼は，生活環境や条件をノーマルなものにするだけにとどまらないで，対人サービスの全般に適用できるように，ノーマライゼーションを再定義する。その再定義は，「可能な限り規範となっている手段を利用することで，可能な限り文化的に規範とされる個人の行動や特徴を確立したり維持すること」であった。ウォルフェンスベルガーは，障害者を社会の中の「逸脱者」の一つとして理解し，「逸脱」は「逸脱」と見る人の目にあるとして，障害者の社会的なイメージを問題にし，障害者は「逸脱者」ではなく価値をもつ個人として位置づけられるべきことを強調する。そのために，彼は，ノーマルとは考えられ

ない生活環境や条件のノーマル化を主張するとともに,「逸脱者」が「異常」視される社会的な状況を排除しようとする。こうした立場から,後に,彼はノーマライゼーションという用語の使用を避け,障害者を社会の中で価値をもつ役割をはたす人として位置づけるという意味を込めて「社会的役割の有価値化(social role valorization)」をノーマライゼーションの代わりに使用し始める。

　ノーマライゼーション理念は,障害者が「特殊」な存在でなく通常の人間として尊敬され,通常の人たちと同じように通常の日常生活を享受し,教育を受け,自己決定するなどが認められるべきことの宣言であった。つまり,ノーマライゼーション理念は,一つには,障害者の処遇上の新しい指針であった。まずもって障害を論拠にして障害者を「特殊」視して「特殊」性に対応したサービスを「特殊な場」を用意して提供することを障害児者福祉・教育とするのでなく,障害児者は通常の生活を送るのにサービスを必要とする人たちであると理解し通常の人たちと同じ生活をするのに必要なサービスの提供をなによりも大事にするという,福祉サービスにおける視点の転換をノーマライゼーション理念は提供したのである。二つには,そうした通常の生活を送るのに必要となるサービスを権利として障害児者に保障しようとしたのである。そして,ノーマライゼーションの具体化は脱施設化運動であり,それは障害者が地域で暮らしていくことのできるグループホームなどの地域社会資源の開発とそのネットワーク化であった。

　実際的には,ウォルフェンスベルガーのノーマライゼーション理念は北米で受け入れられたが,理解しやすさもあって,ニィリエの概念化がもっともポピュラーなものとして全世界に伝播し,福祉関係者が口にする用語となったばかりか,各国の目指すべき新しい福祉理念となっていった。

1-3　ノーマライゼーション理念の普及と人権の時代の幕開け
　　　─「国際障害者年」と「国連・障害者の十年」─

　ノーマライゼーション理念が世界に伝播していく時期,各国で呱々の声をあげた各種障害者団体は,国際的な交流と連帯を深めていた。国際的交流と連帯は,ノーマライゼーション理念の世界的普及の原動力であった。各種障害者団体は,ノーマライゼーション理念を人権思想として受け止め,自らの権利として世界に発信する。

　知的障害者たちの国際民間組織である精神遅滞者国際連盟は,エルサレムで

の年次大会で「精神遅滞者の一般および個別の権利宣言」を宣言する。この宣言は国連に持ち込まれ，国連による「精神遅滞者の権利宣言」(1971年)にほぼ全面的に採用された。同じように，国際民間組織である世界聾唖連盟は「聴力障害者の権利宣言」(1971年)を，またヘレン・ケラー世界会議が「盲聾者権利宣言」(1977年)を採択した。これらの権利宣言は，ノーマライゼーション理念の表現となっていたのである。

各障害種別での障害者の権利の明確化に向けた国際的な気運を受け止めて，国連総会は，1975年に「障害者の権利宣言」を採択する。同宣言は，その第3項で，「障害者は，その人間としての尊厳が尊重される生まれながらの権利を有している。障害者は，そのハンディキャップ(handicaps)と障害(disabilities)の原因，性質，程度のいかんにかかわらず，同年齢の市民と同等の市民的権利を有する。このことは，まずもって，可能な限り通常の，かつ十分みたされた相当の生活を送ることのできる権利を意味している」と述べている。同宣言は，そのほかに，「市民的，政治的諸権利」「自立のための施策を受ける資格」「治療，社会リハビリテーション，教育，職業教育，カウンセリングなどを受ける権利」「生活水準を保つ権利」「職業に従事し労働組合に参加する権利」「差別的な扱いから保護される権利」などを明記し，「障害者が専門施設に入所することが絶対に必要であっても，そこでの環境および生活条件は同年齢の人の通常の生活に可能な限り似かよっているべきである」と記している。

「障害者の権利宣言」が採択されたものの，各国に障害者施策が「障害者の権利宣言」での文言にそって大きく展開したわけではなかった。そこで，国連は，1981年を「国際障害者年」として，世界的なキャンペーンを行うことになる。そこでのメインテーマは「完全参加と平等」であった。1982年には，国連は，「国際障害者年」を設定するだけでなく，1983年からの10年間を「国連・障害者の十年」として，「国際障害者年」と同一テーマの下で各国が障害者問題に積極的に取り組むことを決議し，「障害者に関する世界行動計画」を承認する。そこでの「完全参加」は，社会・経済・文化などのあらゆる社会活動に参加することであり，特に，政策決定過程への当事者としての参加を意味している。また「平等」は，人権における無差別平等性と経済的および社会的発展により改善される生活の享受における平等性を意味している。

「国際障害者年」と，それに続く「国連・障害者の十年」は，日本において，障害者福祉・教育にも大きな影響を残すものとなった。

その一つは，ノーマライゼーションという用語が，障害者福祉・教育関係者

の共通語になり,障害者福祉・教育の目指す方向を言い表す用語になったということである。このことは,ノーマライゼーションの目標が実現したということでなく,少なくとも,障害者福祉の目標としてノーマライゼーションが意識され,そこに含まれる「障害者の人権」や障害者へのサービス提供における視点の転換が社会意識として深まったということである。

二つには,障害を一元的に把握するのでなく「障害者に関する世界行動計画」で示された病気・怪我の顕在化としての機能障害(impairment),そのために起きる生活能力の制約としての能力障害(disability),さらにそのために生じる社会的不利(handicap)という三つの次元を区分して把握する見方が広がったということである。「障害者に関する世界行動計画」では,WHOが「国際障害者年」の前年に発表した「国際障害分類(ICIDH)」を採り入れて三次元の障害把握を提起し,能力障害に適切に対応するなら社会的不利にならないし,また社会的不利は障害と環境との相互作用的関係で把握され,社会の取り組みで物理的バリア,心的バリア,制度的バリアを除去することが可能であることが示されたのである。1980年のWHOの障害構造論は,2001年に改定され,そこでは,能力障害は活動(activity)に,また社会的不利は参加(participation)と肯定的な用語に変えられた。

三つに,自立生活運動など,障害者が「親の会」などの代弁者(アドヴォケート)を通して声をあげるのでなく,障害者本人たちの活動が活発化してきたということである。米国の運動の影響をうけながら,わが国でも各地で身体障害者の自立生活センターが誕生した。自立生活センターは,重度の障害者が自宅に住み暮らせるようにするための生活スキルと管理スキルを育成し,同時に障害者の権利を擁護する機関である。知的障害者も,本人たちの組織をつくり活動をしはじめた。1990年代になり,障害者福祉の分野で障害者本人の自己決定(self-determination)が強調されるが,それには,こうした活動が背景にあるのである。なお,「精神薄弱」という用語は,1999年に「知的障害」に変更されるが,その変更には知的障害者本人の活動がかかわっていた。

四つに,この間に,「障害者対策に関する長期計画」の策定(1982年),障害基礎年金制度の創設(1986年),身体障害者雇用法を改正して障害者雇用促進法の制定(1988年),医療を強調した精神衛生法の精神保健制度への改定(1988年),福祉関係六法の改定(1989年)などが実現して,障害者施策での一定の前進があったということである。これら施策は,多くの課題を残しながらも,障害者の「完全参加と平等」を一歩前進させるものであり,地域での障害者福祉

の展開を意識したものである。第二次世界大戦後初期，障害者関係者は障害児者が施設に入所してケアを受ける条件整備を強くもとめた。だが，いまや，障害者関係者は障害者が地域で豊かな生活を享受できるようにするための条件整備を求め，それに必要な地域ケアのシステムと人権保障の確立を求めるようになっている。

1-4 「障害者基本法」と「障害者計画(プラン)」

　「国際障害者年」と，それに引き続く「国連・障害者の十年」の帰結として，1993(平成5)年，「障害者基本法」が成立する。同法は「身体障害，知的障害又は精神障害があるため，長期にわたり日常生活又は社会生活に相当な制限を受ける者をいう」(2条)と障害者を定義し，第3条では，同法の「基本的理念」を次のように規定している。

> 「すべて障害者は，個人の尊厳が重んぜられ，その尊厳にふさわしい処遇を保障される権利を有するものとする。
> 2．すべて障害者は，社会を構成する一員として社会，経済，文化その他あらゆる分野に参加する機会を与えられるものとする。」

　「障害者基本法」の特徴を要約的に重要点に絞って指摘すると次のことが言えよう。

　一つは，「国際障害者年」のときのテーマであった「完全参加と平等」の「参加」を法的に明記したことである。「障害者基本法」の前身は「心身障害者対策基本法」であるが，同法には「障害者基本法」の第2項に規定された内容は盛り込まれていなかった。こうした規定が「障害者基本法」に盛られたのは，「完全参加と平等」をテーマとした「国際障害者年」と「国連・障害者の十年」の反映であることは間違いない。

　二つには，「心身障害者対策基本法」では，その対象から「精神障害」者が除外されていたが，「障害者基本法」では対象として明記された。ここに，はじめて精神障害者は病者としてでなく障害者として法律に登場することとなったのである。

　三つには，「障害者基本法」は第7条の2で「政府は，障害者の福祉に関する施策及び障害の予防に関する施策の総合的かつ計画的な推進を図るため，障害者のための施策に関する基本的な計画(以下「障害者基本計画」という)を策定しなければならない」と規定したことである(地方公共団体も同一の計画策定に努めることが求められた)。

この「障害者基本法」に則って1995(平成7)年に策定されたのが,「障害者プラン――ノーマライゼーション7か年戦略」である。同プランは,1995(平成7)年から2002(平成14)年までの障害者施策を示したもので,次のような七つの項目から構成されている。

①地域で共に生活するために(グループホームなどの住まいと働く場の確保,地域療育体制の整備,介護サービスなど)
②社会的自立を促進するために(適切な教育保障,各種雇用対策など)
③バリアフリー化を促進するために(広い歩道整備,ターミナルのバリアフリー化など)
④生活の質(QOL)の向上を目指して(福祉用具や情報通信機器の研究・普及など)
⑤安全な暮らしを確保するために(手話交番,ファックス110番など)
⑥心のバリアを取り除くために(交流教育,ボランティア,偏見の是正など)
⑦我が国にふさわしい国際協力・国際交流を

これらの施策の中で特に注目を受けたのは,福祉分野の社会資源整備について数値目標が明示されたことであった。たとえば,グループホームや福祉ホームを1995年レベルで5千人分であるのを2002年には2万人分にするとされている。当然のことながら,「障害者プラン」に対して批判がないわけではない。その批判は,数値目標が厚生省関係の事項に限定され,計画実行のための財政的裏付けが不十分というものである。また努力義務とされた市町村の障害者プランの策定は進んでいないのである。

1-5 人権保障・人権擁護・差別禁止

「国際障害者年」と「国連・障害者の十年」の帰結が「障害者基本法」であった。その帰結は,「一歩前進」でも,課題を多く残したものであった。

その一つは,障害者の人権擁護の問題である。

障害者団体は,「障害者基本法」の制定にあたり,人権擁護規定をもりこむことを要望したが,それは実現しなかった。「障害者基本法」は,不十分ながらも,「尊厳にふさわしい処遇の権利」と「社会,経済,文化等への参加の機会の保障」を規定してはいる。これらの規定が名目的な規定でなく実質を伴うためには,人権擁護の規定が同時的に規定される必要があると考えたからこそ,障害者団体は,それを要望したのであろう。人権擁護の問題は,障害者差別禁止の問題とも連動している。

「障害者基本法」が1993(平成5)年に成立するのに影響を与えたのが,米国のADA法(障害をもつアメリカ人法)であったといわれる。同法は,障害をもつ

アメリカ人が社会・経済的な諸利便をほかの市民と平等に享受する権利の単なる保障を明示したにとどまらないで，障害者が社会参加するのに必要な支援と条件を適切に保障しないときに差別になると認識し，積極的に支援と条件を整えることで実質的な差別を除こうとした法律であった。つまり，障害の有無に関係なく，すべての人が雇用，公共サービス，輸送，公共施設，通信の分野でのアクセシビリティ(accessibility)が保障されなければ差別になることを明らかにしたのである。ところで，「障害者基本法」に，障害者差別を禁止したり，積極的な差別除去規定は存在しない。障害者が社会で生活する通常と人たちと平等の権利をもつことを明文化すれば，それがすぐに障害者の人権保障になるわけでないとするなら，積極的に平等権を行使できる支援や条件が用意されないときに差別になることを法的に明示する必要があると考えられる。

第二には，総合的な障害者福祉法の必要性である。

わが国の福祉サービスは，身体障害者福祉法，知的障害者福祉法，精神保健福祉法，児童福祉法，老人福祉法という五つの法律で障害種別・年齢別に法定されている。そして，これら各法は，目的，対象，サービスの種類で異なっている。こうした各障害種別や年齢に特化した福祉法は，対象を限定したサービス提供法であるがために，普遍化と拡大の要求に対応しにくいという難点をもっている。言い換えると，各法の谷間に位置する障害者がサービスを受けられなかったり，新たに生起してくる障害種別と政策課題に対応できないという弱点をもっている。そうした弱点をなくし，国や地方公共団体の責務や役割を明確にする総合的な福祉法の必要性の声があげられている。

ところで，わが国では，「国際障害者年」と「国連・障害者の十年」の帰結は「障害者基本法」であったが，国際的には，それは「障害者の機会均等化に関する標準規則」(1993年採択)であった。国連は，「国連・障害者の十年」が成果をもたらしながらも，その行動目標が継続されるべきであると認識して，「障害者の機会均等化に関する標準規則」を採択したのである。同規則は，「第Ⅰ章，平等な参加を実現させるための前提」「第Ⅱ章，平等な参加を実現させるためにターゲットとなる分野」「第Ⅲ章，平等の参加を実現するための実施施策」「第Ⅳ章，参加を効果的に実現するためのモニタリング・メカニズム」から構成されている。

1-6　まとめ

　このように20世紀を振り返ると，その前半と第二次世界大戦後とでは，大きな差異があることに気がつく。第二次世界大戦後，障害者は，隔離ないしは哀れみや慈恵の対象から人権の主体として登場したきたことを知ることができる。そして，20世紀後半において，第二次世界大戦前の優生学や社会防衛論に代わって，障害者福祉の有り様に強力な影響をあたえ今日においても障害者福祉を支えているのが，ノーマライゼーションといわれる社会思想である。そうした思想に支えられながら，障害者が通常の人たちと同じように人権の主体であることが次第に社会意識として広がりをもってきた。そうした社会意識に支えられながら，代弁者ではなく障害者本人が権利主体として声をあげ始めた。かくして，障害者施策も一定の前進を見せて今日を迎えているが，その間，わが国の障害者福祉の歩みは，国連をはじめとする国際機関の影響を受けながら，障害者施策を展開してきたと言える。しかし，どれ一つとして，完成されてはいない。障害者施策の一つひとつが不十分さをもち，改善が求められているといえる。とくに，20世紀末から21世紀にはいるとき，「福祉構造改革」が登場し，その内容は，障害者たちが多くの懸念を抱くものとなっている。これについては，第8章でふれることにする。

研究課題
1. インターネットで各種の障害者団体のホームページを検索し，各種団体の歴史と活動を整理しなさい。
2. 特定の新聞を選択し，過去1年間の障害児者に関する記事をリストアップして分類・整理して，今日の障害児者問題を明らかにしなさい。
3. 各自の都道府県や市町村に出向いて，各地自治体の「障害者施策の案内」等を入手して，相互に比較しなさい。

引用・参考文献

石渡和実　1997　『Q&A障害者問題の基礎知識』明石書店
大久保哲夫　1996　「障害者プランの意義と課題」福祉のひろば，第67号，pp.9-14，総合社会福祉研究所
小川政亮　1996　「障害者基本法の性格と問題」障害者問題研究，**24**(1)，2-21，全障研出版部
厚生省　1981　『厚生白書　国際障害者年「完全参加と平等」を目指して』(昭和56年版)

厚生省　1993　『厚生白書　国連・障害者の十年』(平成4年版)
佐藤久夫・小澤温　2000　『障害者福祉の世界』有斐閣
清水貞夫　1990　「ノーマリゼーション原理の展開」発達障害研究, **11**(4), 1-9
総理府障害者対策推進本部担当室監修　1995　『障害者施策の基本, 基本法令・基本計画・関連資料』中央法規出版
松友了編著　1999　『知的障害者の人権』明石書店
泰安雄・鈴木勉・峰島厚編　1998　『障害者福祉学』全障研出版部
茂木俊彦　1994　「一歩前進, 障害者基本法改正」世界, 1994年2月号, pp.76-79
八木英二　1980　『国際障害者年』青木書店

■ 法律による障害者の定義と障害者数

　身体障害者の社会福祉サービスを規定したのが身体障害者福祉法である。身体障害者について, 同法第4条は,「この法律において,『身体障害者』とは, 別表に掲げる身体上の障害がある18歳以上の者であって, 都道府県知事から身体障害者手帳の交付を受けたものをいう」と規定し,「別表」で, 視覚障害, 聴覚・言語障害, 肢体不自由, 内臓機能障害, などの障害の種類と範囲が示されている。そして, 障害の程度は最も重い1級から7級までの7区分とされている。平成13(2001)年度障害者白書(総務省)によると肢体不自由1657千人, 内部障害者621千人, 聴覚・言語障害350千人, 視覚障害305千人となっている。平成3年度調査で, 60歳以上の人が62.7％を占めている。また, 1～2級の人が43.1％(平成8年度)である。障害原因では, 事故による者が18.4％, 疾病による者63.8％(平成8年度)である。

　知的障害者の社会福祉サービスを規定しているのは知的障害者福祉法であるが, 知的障害者の定義は, 同法をはじめとする諸法のどこをさがしても見つけることができない。しかし, 厚生労働省は, 5年おきに基礎調査を行っている。その際, 知的障害は「知的機能の障害が発達期(概ね18歳まで)にあらわれ, 日常生活に支障が生じているため, 何らかの特別な援助を必要とする状態にあるもの」と定義されている。また「知的障害児(者)に対して一貫した指導・相談を行うとともに, これらの者に対する各種の援助措置を受けやすくするため, 知的障害者に手帳を交付し, もって知的障害児(者)の福祉の増進に資することを目的」とした療育手帳制度がある。療育手帳は, 18歳未満では児童相談所で, また18歳以上では知的障害者更生相談所の判定をもとに交付されることになっている。療育手帳の呼称などは都道府県で異なっている。

　平成12(2000)年の基礎調査結果は表のように示されている。同調査結果では, 障害程度分類で「最重度」「重度」と判定される者が全体の41.9％,「中度」「軽度」とされるものが45.8％であり, 18歳以上と18歳未満を比較すると, 18歳未満の「最重度」「重度」児が51.9％と多くなっている。また在宅知的障害児(者)は329,000人と推計されるが, この数値は, 前回の調査(平成7年度)と比べて, 10.8％増加している。18歳以上の知的障害者で家族と暮らし

ている者の割合は79.1％で，前回の調査での数値83.3％より若干減少し，「ひとりで」「友達などと」「夫婦で」など家族以外の者と生活する者の割合が若干増加している。

知的障害児(者)総数

	総　　数	在　　宅	施　設　入　所
総　数	459,100	329,200	129,900
18歳未満	102,400	93,600	8,800
18歳以上	342,300	221,200	121,100
不　詳	14,400	14,400	──

（注）施設入所は，社会福祉施設など調査（平成12年10月）をもとにしている。

　精神障害者の社会福祉サービスは「精神保健及び精神障害者福祉に関する法律」で規定されている。同法によると精神障害者は，「精神分裂病，精神作用物質による急性中毒又はその依存症，知的障害，精神病質その他の精神疾患を有する者」と定義されている。この定義で，知的障害が精神障害の一つに含まれているのは，知的障害が精神医療の対象になり得る点を考慮してのことであるが，諸種の統計・調査では知的障害者は除外されるのが通例である。なお，同法45条により，精神障害者は「都道府県知事に精神障害者保健福祉手帳を申請することができる」とされている。精神障害者保健福祉手帳は，都道府県に設置されている地方精神保健福祉審議会の審査をもとにして交付され，1～3級までの等級区分がある。

コラム

■ 国際生活機能分類(ICF)

国際障害分類改定
◎WHO国際障害分類の役割

　WHO(世界保健機関)は障害者の権利保障運動と連動しながら,保健分野で障害概念の検討を続けてきた。WHOが1980年に試案として公表した国際障害分類(International Classification Impairment, Disability and Handicap: ICIDH)は,障害をインペアメント(機能障害),ディスアビリティ(能力障害),ハンディキャップ(社会的不利)の三つのレベルで理解するという提起をしたことで日本でも広く知られるようになり,政府関係の文書などにもこれらの言葉がしばしば用いられている。WHOはこの試案を固定的なものととらえず,障害をもつ人たちの生活の質を向上させることとリンクさせて,よりよい分類にしようと世界的な討論を組織してきた。その結果,2001年5月には,国際障害分類改定版 International Classification of Functioning, Disability and Health として公刊された。略称はICFである。直訳すると「生活機能・障害と健康に関する国際分類」であるが,厚生労働省の監修の日本語版は「国際生活機能分類」となった。

　そもそも国際障害分類の母体となったのは,同じくWHOによる病気の分類である国際疾病分類(ICD)である。ICDは,病気や死亡の原因を世界規模で把握し国際的な保健活動に資するために20世紀初頭に作成された。これが活用される中で,病気やけがは治ったけれど投薬やリハビリを必要とする人々,急性期の症状はおさまったけれど普通の生活をするにはなおさまざまな支援が必要な人々の問題に焦点があてられるようになり,国際障害分類が誕生するきっかけとなったのである。したがって,国際障害分類は疾病分類同様,第一義的にはデータの比較や調査研究の共同を可能にする障害分野での国際的な「共通言語」としての役割がある。

　80年版の序文は,先の三つのレベルでの障害の理解は保健活動をすすめる上で有効に働くとして,つぎのように述べている。

　　「このような区分をすることが問題に対応して適切な政策を発展させることを容易にし,医療サービスやリハビリテーション活動,社会福祉などがそれぞれどのような貢献をなしうるかを明確にすることができる。」

　つまり,国際障害分類は,機能障害,能力障害,社会的不利のレベルとケアとの対応,あるいは三者相互の関係を考慮することによって,予防や治療,リハビリテーション,教育,福祉などの課題を鮮明にしようとしたのである。また障害は個人の責任に帰せられるものではなく社会で対応すべきものだという考え方を明確に打ち出したことは障害者の権利保障にとって大きな影響を与えた。

　国際障害分類はその後,実際に活用されるなかで,医療・保健分野はもちろんのこと障害者運動の側からも改定のための積極的な批判がなされた。社会的不利の分類項目が少ない,環境との関係で障害をとらえるべきだ,機能障害に

医学の進歩が反映されていない，障害者の内面の重要性が位置づいていないなどである。これらの指摘に対して検討を重ねた結果がICFである。
　ICFは三つのレベルでの障害の階層的把握という80年版の幹となる考え方をつぎのような点で発展的に継承している。
　　表現の中立化
　　　　機能障害，能力障害，社会的不利にとって代わることば，それもプラスの面が表せることばとして，「心身機能・身体構造」「活動」「参加」の三つが採用された。
　　　　たとえば，ある種の身体障害を次のように表すことになる。
　　　　　　心身機能・身体構造のレベルで随意運動の制御機能に中度の機能障害がある
　　　　　　　　↓
　　　　　　活動と参加のレベルで「運動・移動」の中の「姿勢の保持」に制限があり，「家庭生活」において「簡単な食事の調理」に制約がある
　こうして，「姿勢の保持の制限」や「簡単な調理をするときの制約」に対応したリハビリや福祉サービスの処方を考えるのである。
　ICFは人の健康のすべての側面とその構成要素を「健康領域と健康関連領域」としてくくって記述したのだとしているが，これは，障害とか不利とかいったマイナス面を含んだ表現ではなく，健康という目安で整理したとき，障害をもつ人の運動機能や精神活動，コミュニケーションや動作などにどんな制限があるのかというとらえ方に移行してきたということである。
　　環境と障害
　　　　80年版での環境とのかかわりという点では「社会的不利」の中に移動や社会経済的活動など7項目が示されていただけであったが，ICFでは「環境因子」だけでも258項目が記述されている。環境因子とは「人々が生活し，人生を送っている物的な環境や社会的環境，人々の社会的な態度による環境を構成する因子」と定義され，いわゆるハード面だけでなく，人間関係などのソフト面をも評価することも特徴の一つである。
　国連は国際障害者年行動計画(1980年)の中で，「障害という問題をある個人とその環境との関係としてとらえることがはるかに建設的な解決法であるということは，最近ますます明確になりつつある」と述べている。国際障害分類の改定は，障害者の権利保障の具体化を図ろうとする国連の提起に現実社会の中で応えようとするこころみの一環に位置づくものだといえよう。
　国連「障害者権利宣言」(1975年)は，「障害者とは，先天的か否かにかかわらず，身体的または精神的能力の不全のために，通常の個人または社会生活に必要なことを確保することが，自分自身では完全にまたは部分的にできない人を意味する」と述べている。
　要約すると，①いつどんな理由で障害を負ったのかといった原因を問わない，②障害がどの程度かということではなくて生活する上での不便さに着目する——この2点に，障害者の定義のポイントがあると宣言は言っているのであ

コラム

る。
　「宣言」以後，国際障害者年をはじめとして，人として生きる権利の保障という「宣言」の精神を現実の社会に生かすためにさまざまな努力が重ねられてきた。その過程で「障害と障害者」をどうとらえるかという議論も深化しつづけている。そしてその結果は，1990年代に入って各国の具体的な法律にも着実に反映しており，たとえば，障害をもつアメリカ人法(ADA)が「個人の主たる生活活動の一つ以上を実質上制限する身体的または精神的障害がある状態」をもって法の対象としているように，対象となる個々の障害がふえるというだけでなく，生活上の困難に着目して範囲を拡大する方向にある。
　日本の障害者施策の今後を展望する際も，障害とは何か，サービスの対象となる障害者の範囲はどこまでかといった，法の根幹にかかわる論議をおおいに展開する必要があるといえよう。

2 障害の早期発見と療育

2-1 乳幼児健診制度
(1) はじめに

「すべて国民は、健康で文化的な最低限度の生活を営む権利を有する」と憲法25条で定められている。こうした憲法の精神に則って、人の健康は、住んでいる地域や経済的条件などにかかわりなく、等しく保障される必要があり、そのために国は施策を推進する責務を負っている。ことに、疾患や心身の障害を有する場合には、こうした生存権を基本に、疾患や障害の状態が重くならないような対応が行われるよう、国や地方自治体が努めていく必要がある。

とりわけ、人生最初のライフステージとなる乳幼児期は、健康や発達の土台を形成する時期であり、疾患や障害の中には、この時期に明らかになるものも多い。どんな疾患でも言われることであるが、早期に発見し、早期に対応することが治療効果を高める上で重要であり、障害もできるだけ早くに発見し、対応を進めるならば、症状の進行を予防したり軽減できるものがある。こうしたことから、乳幼児期からの障害の早期発見と対応を行うことの重要性が言われてきた。

さて、乳幼児期からの障害の早期発見と早期対応の重要性が広く認識されてきたのは、1981年の国際障害者年がひとつのきっかけになっているが、それ以前にもこの問題の重要性が言われ、医療の現場や公衆衛生、ことに母子保健の行政の中で対応が進められてきた。例えば、脳性マヒは、その症状が固定化する前の時期にボイタ法、ボバース法などの機能訓練を始めることにより、多くは運動障害が軽減され、移動能力や歩行を獲得できる可能性が高まることが認識され、早期からのリハビリテーションが各地ですすめられている。また、自閉症児やダウン症児が早期療育を受けることによって、障害特有の症状が軽症化したり、生活や発達の力をつけて、学校教育の時期を迎えることが報告されている。こうした科学技術や保育・教育の成果を受けて、どの自治体に居住

する子どもであっても，国が障害の早期発見と対応に関しての施策を等しく講じる必要がある。先天性代謝異常の一つであるフェニールケトン尿症などをガスリー法検査でマススクリーニングし，発見された場合，公費による治療を行うというように，いくつかの障害や疾患については，すべての乳幼児に対し公的責任で検査や治療が実施されているものもある。現在，図2-1のように，公費による検査や治療が実施されている。

　障害者の福祉を学んでいく際に，障害者の健康と発達を生涯にわたって守るという視点は非常に重要であり，その中で人生最初の時期である乳幼児期からの障害の早期発見と早期対応を充実させていくという課題が位置づけられる。

(2) 発達保障の視点

　人はその子どもを取り巻く環境や社会的関係とかかわりあいながら生涯にわたって発達していく存在である。特に生後数年間に形成される親などの身近で特別な人との関係（愛着関係と呼ばれる）を基盤に発達の力を広げ，かかわる人を広げながら，生活していく術を身につけていく。障害の早期発見と対応は単に疾病や障害を治す，軽減することや遅れを訓練によって伸ばす，ということのみを目的とするものではない。一人の子どもが社会的関係の中で生活していくための，豊かな発達の力を保障していく取り組みである。

　どんなに重い障害をもっていても，人とかかわり，自分の気持ちを伝えたいという発達の願いをもっており，それを発揮させていくことが保育・教育の目的である。また，このことが生命の維持や障害の軽症化にかかわることが数々の重症心身障害児や病虚弱児教育実践の中で確かめられてきた。

　乳幼児期の子育てや保育・教育において，生活のリズムや基本的習慣が身につき，自然や砂，泥などの素材，豊かな文化財や大人や友だちとのかかわり合いが十分に行われる中で発達が保障されていく。こうした乳幼児として当たり前の生活やあそびが保障されることが必要である。そのために，障害をもった子どもの家庭での子育てを支援し，あるいは，家とは違った集団や生活・あそびの場を保障する早期療育や保育の場が求められる。障害の発見は，障害や発達の遅れを見つけるために行われるのではなく，どんな重い障害をもっていても子どもが生活や集団の中でその子らしい人格と個性を形成していくための援助を目的として進められるものである。そして，早期療育や保育などのゆきとどいた対応が，教育に継続されていくために，早期の発見の時期やその内容が重要になるのである。

2-1 乳幼児健診制度

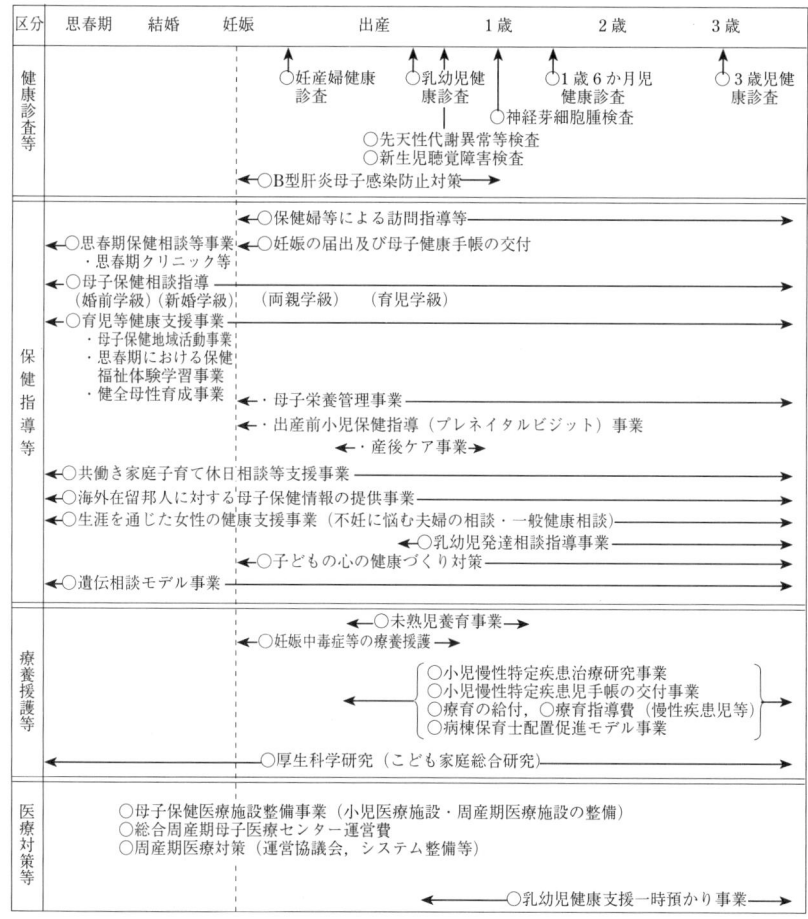

図 2-1 主な母子保健施策(2001 年 5 月現在)
(厚生統計協会『国民衛生の動向』2001 年第 48 巻第 9 号)

(3) 法令における障害の早期発見の位置づけ

　公的な責任において，こうした取り組みを推進する分野が厚生労働省管轄にある母子保健行政であり，乳幼児健康診査などの施策によって，障害の早期発見と対応の取り組みがなされてきた。しかし，学校教育のように基準行財政が確立されていない就学前期の施策においては，どこの自治体においても同じ水準の施策が実施されているわけではなく，自治体まかせになる傾向にある。そして，このことが自治体間の格差を生み出してきた。しかし，現在までにこの分野において先進的に施策を推進してきた地域が取り組みを主導し，それを受けて国や自治体が制度を整えてきた。

　一方，この施策の根拠となる法律は，戦後たびたび時代の要請やその時代の公衆衛生行政の動向によって大きく左右されている。そのためにこの施策を担う実施主体や法律の根拠が変わってきているところに，ひとつの課題があったように思われる。以下に戦後の母子保健行政およびそれにかかわる法令の中で，障害の早期発見の問題がどのように位置づけられてきたかをみていくことにする。また，主な母子保健施策のあゆみを表2-1に示す。

　母子保健行政にかかわる法律は，戦時中にもいくつか制定されてきたが，実質的に整備されたのは，戦後のことである。それは，新しい憲法の理念のもとで，人の生存権保障の観点からの健康保障という視点への転換が背景にあった。法的な基盤整備の一つとして1947年に制定された児童福祉法がある。この法令では，都道府県が母子保健施策に関して中心的な任務をもつことが定められ，母子手帳の交付なども都道府県の事務として行われることになった。敗戦後の財政危機が深刻であり，具体化に関しては不十分なところはあるにせよ，この法令によって，現在の母子保健の基礎を形づくる施策が明記された。これ以降，児童福祉法の一部改正が数回にわたって行われ，母子保健にかかわっていくつかの施策の前進が見られている。たとえば，1958年には未熟児に対する医療補助と訪問保健指導，61年には新生児訪問指導と3歳児健康診査の実施が条文化された。しかし，乳児死亡，周産期死亡，妊産婦死亡など母子の健康に関して改善を図るという課題があり，1965年に児童福祉法から独立した形で母子保健法が制定された。この法律は，母子保健に関する原理を明らかにするとともに，その基本理念として，母性の尊重・保護（第2条），乳幼児の健康の保持増進（第3条），母性および保護者の努力（第4条）を掲げることとあわせて第5条で国および地方自治体の責務を明示している。このように母子保健法は，それまでの児童福祉法のもとで行われてきた母子保健対策やその

2-1 乳幼児健診制度

表2-1 主な母子保健施策のあゆみ

年		施策
昭和22年	('47)	児童福祉法公布
23	('48)	妊産婦・乳幼児の保健指導，母子衛生対策要綱
29	('54)	育成医療
33	('58)	未熟児養育医療と保健指導，母子健康センターの設置
36	('61)	新生児訪問指導，3歳児健康診査
40	('65)	母子保健法公布
43	('68)	母子保健推進員制度
44	('69)	妊産婦健康診査の公費負担制度，乳幼児の精密健康診査制度
46	('71)	心身障害の発生予防に関する総合的研究
49	('74)	小児慢性特定疾患治療研究事業(公費負担制度)
52	('77)	1歳6か月児健康診査，先天性代謝異常のマススクリーニングの実施
59	('84)	神経芽細胞腫マススクリーニング，健全母性育成事業，周産期医療施設整備事業
60	('85)	B型肝炎母子感染防止事業
62	('87)	1歳6か月児精密健康診査
平成2	('90)	3歳児健康診査視聴覚検査導入，小児肥満予防教室，思春期教室，地域母子保健特別モデル事業
3	('91)	思春期における保健・福祉体験学習事業，周産期救急システムの整備充実(ドクターカーの整備)
4	('92)	出産前小児保健指導(プレネイタル・ビジット)事業 病児デイケアパイロット事業
6	('94)	病後児デイサービスモデル事業，共働き家庭子育て休日相談等支援事業，海外在留邦人に対する母子保健情報の提供事業，小児慢性特定疾患児手帳の交付事業，地域保健法公布
7	('95)	エンゼルプラン(緊急保育対策等5か年事業) 子どもにやさしい街づくり事業
8	('96)	不妊専門相談センター事業，女性健康支援事業，総合周産期母子医療センターの運営費，乳幼児発達相談指導事業，都道府県母子保健医療推進事業
9	('97)	子どもの心の健康づくり対策事業 住民に身近で頻度の高い母子保健サービスの実施主体が市町村となる
10	('98)	病棟保母配置促進モデル事業を開始 乳幼児健康支援一時預り事業を開始 子ども家庭総合研究
11	('99)	遺伝子相談モデル事業を開始 新エンゼルプラン策定 乳幼児健康支援一時預り事業 周産期医療ネットワークの整備 不妊専門相談センターの整備
12	('00)	児童虐待防止市町村ネットワーク事業 休日健診・相談等事業 新生児聴覚検査 「健やか親子21」策定
13	('01)	乳幼児健診における育児支援強化事業

(厚生統計協会『国民衛生の動向』2001年第48巻第9号)

他の事業を吸収して，母子一貫の総合的・体系的な母子保健対策の推進を図るものであった。しかし，それはこれまでの児童福祉法の中で取り扱った施策内容を越えるものではなく，また母子保健事業の実施主体が都道府県から市町村へと移譲することが考えられていたり，母性および乳幼児の保護者自らが進んで母子保健に対する理解を深め，その健康の保持増進に努力するという母子保健の理念が明らかにされる（清水，1997）というものであった。すなわち自己責任の強調が示されていた。

　こうした市町村へ事務移譲するという傾向および自己責任の強調は，1980年代に入り母子保健だけではなく，福祉行政全般の動向となっていった。このような状況の中で1994年に母子保健法が改正され，地域保健法の制定とともに1997年から母子保健にかかわる事業の大部分が都道府県から市町村に移行することになった。そこでは「国民個々の多様な生活のニーズや多様な価値観に対応するために」あるいは「高齢化および少子化への対応として住民に身近できめ細かなサービスを提供するように」というような根拠が示されているが，実際は行政改革の課題として，国と地方の費用分担のあり方を見直すことが目的にあった。憲法の理念に基づいて児童福祉法第2条に定められているように，すべての子どもの健康を守り育てる責務のある国が地方自治体にその責任を転嫁することの問題は大きいと指摘されている（土岐，1999）。

　障害の多くは発達障害といわれるものであり，医学的検査では明らかにならず，子どもの発達上の経過の中で顕在化してくるものもある。それゆえ，乳幼児期の発達の中で顕在化してくる障害をできるだけ早くに発見し，必要な対応を講じていく必要がある。こうした取り組みを進めていく上で現在大きな役割を果たしているのが，この乳幼児健康診査（以下，乳幼児健診と記す）である。この乳幼児健診が法的に位置づけられたのは，1965年に母子保健法が制定されて以後になる。それまでも母子福祉法（1947年制定）に基づいて3歳児健康診査（以下，3歳児健診と記す）が実施されていたが，この健診は栄養状態や身体発育や疾患の把握に重点がおかれていた。障害の早期発見と早期対応の理念を明確にして実施されるようになったのは，1977年に1歳6か月児健康診査（1歳6か月児健診と記す）を市町村主体で実施するように通達が出されたことによる。こうした乳幼児健診制度が，1994年に改正された母子保健法では次のように法的に変えられることになった。すなわち，これまで都道府県が実施主体であった3歳児健診を市町村の事業とするとともに，新規に今まで市町村が実施主体であった1歳6か月児健診の実施が条文化され，いずれも市町村の

実施にゆだねられることになった。従来から乳幼児健診の制度と内容についての地域間格差には大きなものがあると指摘されている。「住民に身近できめ細かなサービスが提供できる」市町村が実施するメリットが強調されながらも，それに伴う財政基盤が伴わなかったり，自治体の施策の重点が異なることなど，課題が指摘されながらも，新たな体制の下で乳幼児健診制度がすすめられることになった。

(4) 乳幼児健診制度の課題

さて，乳幼児健診に関しては，現在では乳児健診(対象とする月齢は市町村が定めるが概ね3〜4か月，および9〜10か月)，1歳6か月から2歳未満の1歳6か月児健診，満3歳から4歳未満までの3歳児健診が母子保健法において定められている。健診は疾患や障害の発見に終わるのでなく，治療や次の項にある早期療育までを系統的に実施することと合わせて行われなければ意味をなさない。したがって，それぞれの健診をこま切れに実施するのでなく，必要な時期に必要な対応が可能になるよう，妊娠から出産，乳児期，幼児期までを縦断的に一つのシステムとして整備していく必要がある。しかし，こうした乳幼児健診のシステムは，自治体(市町村)によって違っており，健診の実施時期や回数，障害の発見の精密度についても市町村ごとに違っているのが現状である。これは，学校教育のように全国で一定の基準行財政が確立しておらず，市町村ごとの過去の母子保健行政の歴史やこの分野にかける財政規模の割合など行政姿勢，地域の人的・社会的資源に左右されているためである。特に人口規模も少なく，健診に必要なスタッフが地域で充足できないところは，地域保健法実施以降，いくつかの町村が集まって健診を実施しているところや健診を民間の医療機関に委託するところも出てきているようである(近藤他，2001)。また，乳幼児健診や先天性代謝異常等検査などの事業が一般財源化の中で実施される方向にあり，ますます地域間格差が広がることが懸念される。

一方で住民の願いに依拠し，保健師などが中心になって市町村母子保健計画の策定をもとに保健・福祉・教育の枠を越えた一貫した総合的なシステムを構築する市町村も出てきている。今後，それぞれの市町村が現在までの乳幼児健診の役割と到達点を明確にし，その成果をどこに住んでいても同じように享受できるよう，国や都道府県が必要な援助を行うとともに，最前線にいる保健師らが地域の特性を生かしながら住民の願いに沿った健診体制を創出していくことが求められている。

今まで，精神発達の理論や小児神経学の診断方法を導入し，健康診査の時期だけでなく，出生から就学までの6年あまりのあいだ一貫してきめこまかく子どもの成長を見守るシステムが作り上げられている自治体が全国の乳幼児健診制度の先駆として，モデルとなってきた経過がある。滋賀県大津市，大阪府寝屋川市などであり，ことに大津市の方法はシステムが整えられた時期をもって「乳幼児健診1974年大津方式」と呼ばれてきた。そこでは，「健診もれ」「発見もれ」「対応もれ」をなくし，一人ひとりの子どもにきめ細かく発達を保障できるよう，内容の充実に努めてきた。今後，地域保健法のもとで，それぞれの市町村において，地域の特性を生かし，各地の「〇〇方式」が作り上げられていくことが重要であり，そのためにも，国や都道府県からの人的，財政的援助が望まれる。

　今日，学校教育段階において，学習障害(LD)や注意欠陥/多動性障害(AD/HD)，高機能広汎性発達障害(高機能自閉症，アスペルガー症候群等)などの軽度発達障害をもつ子どもたち，虐待などの不適切な養育を受けたり，災害によって心的外傷をもった子どもたちなど，特別なニーズをもつ子どもたちの教育が問題になっている。このような子どもたちは，知的な遅れが顕著に見られないこともあることから，乳幼児健診で問題が発見されにくいことが指摘されている。しかし，早期対応の効果も大きいことから，きめこまかな対応を乳幼児期から行っていき，就学時健診の充実などとあわせて学校教育との連携を図っていくために乳幼児健診がその役割を果たしていくことが今後の課題である。

　このように，乳幼児健診は，地域でそれぞれの特色を生かし，独自に努力していくことが必要な時期に入った。それだけに保健師を中心とする公衆衛生の担当者が科学技術の成果をふまえながら，憲法制定以後培われてきた母子保健の理念を受け継ぎ，住民の願いや運動を尊重して，乳幼児健診をはじめ早期発見の体制を整備していくことが必要であると言える。ことに，公衆衛生の最前線にいる保健師の役割は大きい。そこで，ここでは，一人の保健師が地域の実情を踏まえながら，障害の早期発見の役割をはたすべく乳幼児健診の体制を作り上げてきた過程を一つのモデルケースとして取り上げることを通して，この問題を考えていきたい。

(5)　岐阜県本巣町の乳幼児健診

　岐阜県本巣町のS保健師は，16年前に北海道千歳市から同町に転居し，勤務しはじめた。その当時の岐阜県の障害乳幼児対策はさまざまな問題を抱えて

2-1 乳幼児健診制度

いた。乳幼児健診は各市町村に任せられていて県からの一貫した指導はなく，健診の目的や内容はそれぞれの自治体が独自に試行錯誤している状態であった。本巣町においても子どもの発達理論に関する専門的見解は健診の中に生かされておらず，管理票も健診方法もチェック項目を並べたマニュアル的なものでしかなかった。このような体制の中での健診は，子どもの障害が疑われるケースの早期発見・早期療育の実現とは程遠いものであった。住む地域によって障害をもつ子どもとその家族への発達保障がこれほど大きく違ってしまってもよいのかという気持ちから，S保健師は乳幼児健診体制の整備への取り組みを始めた。

どの子どもにとっても〈心豊かに，生き生きと発達し生活してゆける〉町づくりを目指して，本巣町では1986年より乳幼児健診体制についての見直し・整備を行ってきた。そこには乳幼児健診を"人生すべてにかかわる関係づくりの基礎"と捉えたS保健師の願いが込められている。子どもの健康と発達を保障するためには，子どもの発達を親と共有しながら子どもを育てる力を地域につけていくことが大切であるという考えから，健診ではその土台である親との信頼関係を十分に育んでいくことを大きな目的の一つとしたのである。小さな町であるからこそ，町全体で母子を育て，母子との関係を基盤にして地域を育てたいと考えたのである。

乳幼児健診体制の見直し・整備をすすめるためにまずはそれまでの問題点を整理し，改善を図った。それらをまとめたのが表2-2である。まず健診全体の流れを見直すことで，母子にとって受診しやすい状況への転換をめざした。その上で障害が疑われる子どもを早期に発見し療育につなげるために，それまで県内の他市町ではほとんど行われていなかった健診での心理専門職（非常勤職員）の配置やカンファレンスの充実，管理の徹底を図った。これらを整えることで，障害の早期発見から早期対応までの方向を定めることができた。

また，1997年度から母子保健事業が市町村に移行されるのを受けて策定された〈母子保健計画〉により，本巣町では乳幼児健診票およびアンケート様式を独自に見直し（表2-3），対人関係の発達のつまずきを中心に見落としがないようにするための項目を充実させた。また，子どもの成長発達に関してのみではなく，生活習慣，育児環境を詳細に捉えながらきめ細かい相談支援につなげる内容とした。そのほか，個別のニーズに寄り添った支援ができるように，妊娠期の教室（マタニティスクール，パパママ教室など）から乳幼児健診（赤ちゃん教室（生後2〜3か月），4か月児健診，離乳食教室（生後7〜8か月），10か

表 2-2 M 町における乳幼児健診のシステムの改善（昭和63年）

従来の健診の問題点 →	改善点
①長い待ち時間とスタッフ不足 専門スタッフがいないため、保健婦が栄養指導・歯科指導も行っていた。	健診開始時間の工夫・スタッフの増員（栄養士、歯科衛生士、保健婦）
②障害児の早期発見体制の不備 母子管理票のチェック項目とチェックに使用する物品が足りない。早期発見のための理論と実践が不足している。	母子管理票の改正（チェックポイントを明確にした）、1歳6か月児健診と3歳児健診に発達相談員を配置した
③カンファレンスの不備 カンファレンスが行われていなかったため、要管理児の事後検討、健診体制の意見交流がなされていない。	健診参加スタッフによるカンファレンスの充実（保健婦・栄養士・歯科衛生士・発達相談員が参加）
④有所見児管理の不備 継続支援の必要な子どもが把握されていない。早期療育のための関係機関との連携がなされていない。	有所見児管理台帳と健診未受診者台帳の整備、障害児担当者会議の開催（障害児の支援を就学前から就学後まで包括する）

表 2-3 現在の1歳6か月児健診

健診順序	内容
① 受付	
② 身体測定	・身長・体重・胸囲・頭囲測定。身体状況チェック。(保健師)
③ 問診（発達チェック）	・問診票をもとに観察項目（発達）をチェックし、相談に応じる。発達に問題が見られるケースについては、『もう少し遊びを見せてくださいね』と発達相談員にまわす。(保健師・発達相談員)
④ 内科診察	・内科医による診察。
⑤ 歯科診察	・歯科医による診察。
⑥ 歯科相談	・歯の染め出し、はみがき指導をする。(歯科衛生士)
⑦ 栄養相談（おやつ試食）	・栄養問診票に基づき、食生活やおやつ習慣等についての個別指導をする。おやつの試食をする。(栄養士)
⑧ 保健相談	・健診結果の説明と、保護者の不安や質問に応じる。(保健師)
⑨ 発達相談	・健診終了時間に合わせて、発達に問題がある、経過観察中の子どもを呼び出し、発達相談員に相談を受ける。

2-1 乳幼児健診制度

月児健診，1歳6か月児健診，2歳児健診，3歳児健診）それぞれにわたって一貫して母子とかかわりをもちながら，さらに育児支援を充実させることに努めた。

現在の1歳6か月児健診の内容は表2-3のとおりである。まず子どもの発達状況の把握を行う問診を健診全体の前半時期に設定し，子どもの力が十分発揮される状況を親と共有しながら子どもの発達を伝え合い喜び合うことを大切にしている。そして問診スタッフの一員として心理職も参加することになった。発達のつまずきが心配される子どもが別室に呼ばれることによって，母子が緊張することがないように配慮したためである。また，それぞれの専門スタッフと十分に子育ての相談ができるように歯科相談・栄養相談・保健相談の時間を確保している。発達相談の時間も別に設けており，問診時に発達のつまずきが心配された子についてはさらにていねいに対応する体制を整えている。

妊娠期，乳児期に始まった母子と保健師との関係は，時間をかけてじっくり育まれていく。このことは，近年問題が大きくなっている児童虐待など，育児の中で生じる母子の問題を未然に防ぐことへとつながっているようである。保育所生活への対応や就学時の相談など，子どもが生活する様々な場面で母子と協力しながら，子どもの発達をより豊かにする方向をともに考えていくようにも努められている。16年という歳月をかけてS保健師が作り上げてきた母親たちとの信頼関係は，今日の町づくりに大きな力を発揮している。近年では〈障害者計画〉の策定にあたり，障害をもつ子どもたちの親とともに子どもの成長に合わせて地域の障害者福祉体制をつくる活動に取り組んでいる。乳幼児期からの子どもの発達をともに分け合ってきたからこそ今の関係があるのだとS保健師は考える。

すべての子どもが健やかに育ち，安心して子育てができる地域づくりをめざし，そのかかわりの中から地域をより良くしようとする力を引き出していく。この人生すべてにかかわる関係づくりの出発点となっているのが乳幼児健診の場である。健診を通して母子が共に育ち，生きる力を得ることで地域全体が生き生きとし，住みやすい環境を自分たちで作り上げていくことにつなげていくことが重要な目的である。本巣町は人口およそ8,600人の小規模な自治体である。小さな自治体だからこそ地域全体で子どもの発達を援助していくことが重要である。今後，市町村合併によって人口規模が大きくなっても，この精神は受け継がれる必要があるとS保健師は考えている。

それぞれの自治体によって，人口規模や地域の風土，人的・社会的資源が異

なる。そうした地域の実情をふまえ，施策に生かしていく保健師などの公務労働者の役割は大きい。いまや障害の早期発見の重要性は，言の外をもたない事項になっており，学校教育にいたるまでの6年間に，いきとどいた取り組みが行われることが，その子どもの生涯の発達に大きくかかわることになる。また，家族が障害をもつ子どもをかかえ，不安で焦燥の日々を送らないためにも，どこにいても乳幼児健診をはじめとする早期からの施策の充実が求められている。本巣町は本巣町だけでなしえたのでなく，そこから教訓を引き出し，どの自治体に生まれても同じようにサービスを享受できるようにその対策の充実が障害児者福祉においての重要な課題になっている。

2-2　障害乳幼児へのサービスと早期療育制度
(1)　はじめに
　障害乳幼児への対応全体は早期療育という用語で指し示されることが多い。早期療育の内容には
　　①障害児への発達援助（支援）
　　②両親への子育て支援
　　③地域システムの形成（関係者・関係機関の連携）
の3本柱があるが，このためには，これらの業務を遂行する職業能力を有する人員配置が必要であり，また，これらを機能的に実行できる場が必要である。これらは国の制度で3種類の通園施設と障害児通園（デイサービス）補助事業である。このほかに都道府県単独あるいは市町村単独の補助事業がある。3種類の通園施設は障害種別に①知的障害児通園施設(229)，②肢体不自由児通園施設(82)，③難聴幼児通園施設(27)がある。補助金制度として④障害児通園（デイサービス）事業(502)があり，施設という名称は使われていないが，同じ性格の業務が行われている。括弧内の数字は全国の設置箇所数を示している（『障害者白書』平成12年版）。都道府県単独あるいは市町村単独事業は全国的には把握されていない。障害児通園（デイサービス）事業は障害者プランで2002年度までに1,002か所を到達目標にしているので，現在も増加中である。しかし，目標予定数よりはるかに少ない新規設置数で進展しているので，目標数に到達するのは無理である。なお，本文では以下，①②③を総称で「通園施設」，④と単独事業を「通園事業」と略称する。

　障害乳幼児にかかわる機関はこのほかに聾学校，盲学校が幼児教育の枠を設

けている。また養護学校が早期教育の相談窓口を開いている所があるが，数が限られている。

　呼び方は立場によって変わることがある。教育関係者は乳幼児に対して行うのは早期教育と呼び，医療関係者は早期治療と呼ぶことが多い。厳密には療育，教育，医療には重なる部分もあるが，違いがあるので注意が必要である。だが，療育という言葉もまた安易に使われがちである。

　個々の社会福祉の施設は児童福祉法の中で認可されている社会福祉施設である。これと児童福祉法の中で補助事業と認められている障害児通園(デイサービス)事業とがある。この認可されている社会福祉施設は措置費が支給される制度である。社会福祉基礎構造改革では成人施設はこの措置費が廃止されて，契約による利用料の支給に変わるが，児童施設は変更が見送られ，措置制度が残される。今後については未定である。

　福祉制度は地方自治体に設置義務はない。それゆえ，都道府県により，あるいは市町村により施設や事業の充実度に，同じ国のもとにあるとは思われないような大きな格差がある。全国各地の詳しい実態は参考資料を参照(阿部，1999)。

　障害種別の施設名称になっていて，従来は障害種別の施設という性格であったが，異障害種別どうしの相互利用が1998年より定員の2割を限度に定員外で認められるようになった。また，同じく1998年より保育所との併行通園も認められるようになった。障害児通園(デイサービス)事業は従来から障害種別を問わない。

(2) **障害乳幼児に対する早期療育の役割**

　乳幼児期は障害児だけでなく，子ども全体にとって人生の第一段階として貴重な段階であることを改めて指摘しておきたい。この時期は話し言葉をはじめとして人間の諸能力のほとんど全てが完成に近いレベルにまで到達する。特に障害児ではその育ちを見ていると，人生の大まかな方向が定まっていく時期であると思われる。筆者には特に乳幼児期は人生を幸せに過ごすか，苦しんで過ごすかの分岐点，否，分岐層にあるように思えてならない。このことのキーワードが自我の発生と発展である。この時期に発生・発展する自我が周囲の人々とどのような関係を形成するかが重要である。かわいい子として周囲，とくに両親から温かい目で見守られて育つのと，障害ゆえに理解されない，あるいは不安と疑いいっぱいの目をかけられて育つのでは自己イメージは正反対な

くらい異なる。自己肯定の自我像(イメージ)をはぐくむことができる乳幼児期か，自己否定の自我像しか持つことができない乳幼児期を過ごすのかではその後の人生が大きく変わるであろう。筆者はこのような意味でも早期発見・早期療育が大事であると考える。早期療育は英語では early intervention となるが，これは文字どおり訳すと早期介入になる。早期療育にはこの介入の意味があると考えるのが妥当である。

そこで，早期療育は早期に障害児あるいはその疑いのある子を発見して，早期に療育を実施することが目標である。しかし，現実には無条件に早期に発見することも療育することもできるわけでない。まず障害の種類によっては診断のつく時期がずれる。重度重複障害やダウン症のように生後すぐに診断がつけられる障害，脳性マヒのように6か月～10か月の段階で診断がつけられる障害，自閉症や重度でない精神遅滞のように1～2歳台で診断がつけられる障害，軽度精神遅滞や言語障害など3～4歳でないと診断が難しい障害まで多種多様である。そこで，これらに見合った健診時期と健診内容の項目が適切に設定されて初めて発見される。発見された障害児はいくつかの流れを経て，療育の場に紹介されてくる。

(3) 障害児への対応

a. 発達障害児

発達障害は近年急速に広まった概念である。これは発達への援助を必要とする障害児を包括する概念である。従来，個々の障害は大まかに似たものであったとしても，それぞれ別の障害として規定されていた。本文ではこの発達障害について説明をする余裕はないので，正常な精神発達や身体発達からの顕著な遅れや偏りであり，包括的な支援サービスの必要な障害と規定しておきたい。

この概念は現に目の前にいる子どもたちが日々・年々発達しつつある存在であると捉えることである。これは療育に携わる者たちには厳しい問い詰めである。

障害のゆえに順調な発達ができない状態にあることに対して，保育・教育的な働きかけによって発達を生み出していこうとするのが療育実践になる。

b. 問題行動と発達要求

障害児に取り組むためには「問題行動」に触れておくべきである。障害児は往々にして多彩な問題行動を呈して私たちの眼前に現れる。これは常同行動，固執，多動，自傷，他害，飛び出しなど，個人に応じていくらでもあり得る。

これは一次的な障害そのものでなく，大概は二次的に生活の困難さから派生してきたものである。なぜなら適切な取り組みによって問題行動を解消できた実践経験が積み上げられてきたからである。問題行動という言い方は一見奇異に聞こえるかもしれないが，大人の側から問題とみる行動に実は重要な提起があるのである。つまり，実践的には問題行動には発達要求が潜んでいると考えるのである。実現したい要求が実現できないで，潜在化しているからこそ問題行動になっているのだとの提起なのである。この発達要求は直接知ることはできない。実践的に検討していく中で探り当てる以外にない。つまり，一人ひとりの実践検討を通じて理解を深めていくことによってしか認識することはできない。

c. 生活年齢と発達年齢

保育・教育編成では一人ひとりの障害や発達に応じて内容を編成していくことになる。障害児療育では教科教育以前のレベルでの働きかけが必要である。養護学校での取り組みや重度重複児への教育内容とほぼ同じレベルの発達課題となることは多いが，「生活年齢」が違うので教材やその編成の仕方が違ってくるのは当然である。「発達年齢」は同じだとしても生活年齢が異なれば，同じ教材は使えないと考えるべきである。例えば，1歳の発達年齢である1歳児に取り組む内容と，同じ1歳の発達年齢である10歳(生活年齢)児に対する内容とは同じにはならない。これを生活年齢の重みと呼び，生活経験の積み重ねとして有効に活用するべきである。例えば，通常1歳児では教材に包丁やのこぎりは使えないが，1歳レベルの発達段階にいる5・6歳児に調理や木工を取り入れた保育内容を提供するのは，逆に十分に関心をもち，楽しめる教材になり得る。これは5・6年の生活経験と活動の積み重ねによって可能になるのである。

(4) 親への子育て支援

親，特に母親は障害児であるかもしれないと感じた時，そうかもしれないという不安とそうではないと思いたい否定の間を揺れ動く。そして，徐々に我が子が障害児であることを，また自分が障害児の親であることを受容していく。このプロセスは人により違うが，何年もの年数を要するのが通常である。親とのかかわりは障害児の子育てに対して支援することである。ほとんどの親は障害児に対して初めての経験であるのだから，適切なかかわりをつくれないのは当然である(逆に専門家でも知り得ないような技術を使いこなしている年長の

母親がいることもあるが)。この間，関係者は親の気持ちに寄り添って，障害受容を支えることが大切であり，こうするべきだとか，障害児の親なのだから，しっかりしなさいというような説教じみた接し方は禁句である。専門職は往々にして権威があるのだからと，「親指導」が重要であるからと，パターナリズム(保護主義的対応)に陥りがちである。このような職種に就く人は是非こうならないように心するべきである。実はこれは自信がないがゆえに生まれる態度であると注意しておきたい。最近は親たちが心境を語った本が多く出版されているので，是非とも一読されて，親の気持ちに寄り添って対応するという心構えを思索していただきたい。

　親とかかわる立場は論者によって大きく幅がある。現在のように虐待のようなものまで視野に入れて対応を考えるとますます混乱していくと思われるので，一定の見解を述べておくべきであろう。親子関係あるいは母子関係を改善することはそれ自体悪いことではないが，発達障害は親子関係を原因にして形成されたものではない。子どもに障害があるから，親子関係が混乱していることはある。したがって，まず療育者が子どもとかかわり，子どもの潜在的な可能性を見つけ働きかけて変化を生み出し，これを親に示して，障害があっても少しでも子どもが変化(発達)することを理解してもらう，そして発達することに親が確信を持つまでが目標になる。

　「親こそ最良の教師」というタイトルの本があるが，母親を訓練士や教師に仕立て上げ，髪を振り乱して我が子に向かうように追い込んだ時代があった。これは当たり前の親子関係でなく，教師対子どもの関係に追い込んだのである。大切なことは母親が我が子をかわいいと思えるように支援することである。そのためには母親のゆとり，心の余裕が必要である。そのためには，たとえ母子通園であっても，母親が子どもから離れていられる時間を確保するべきである。また，母子通園を幾年にもわたって続けるべきでない。

(5) **早期療育の支援体制——地域システム**

　a. **支援スタッフ**

　障害児へのかかわりは，前述したように障害に対応した多面的なアプローチの手法をもって，子どもの発達に沿った働きかけが重要である。これは保育的な働きかけが主要な内容になる。現在の通園施設等ではほとんど保育士がこの役割を担っている。障害によって特殊な技法が少しずつあるが，このことを強調するのは正しくない。障害の種類や状況に応じてソーシャルワーカー

(SW)，言語聴覚士(ST)，理学療法士(PT)や作業療法士(OT)等が加わる。障害の判定などは医師が行うが，療育に詳しい医師は少ない。健康面にかかわって保健師が配置されている場合もある。また若干教員免許をもつ職員がいる所もある。このほかに措置通園施設は給食を実施しているので栄養士，調理員が配置されている。そして，これらの職種を総括する園長がいる。このように多種類のスタッフが配置されているので，同じ乳幼児のいる保育所・幼稚園，あるいは学校とはかなり違う性質をもつ組織ということになる。

給食は補助事業の障害児通園事業ではごく一部を除いて実施されていない。それは補助基準に給食が含まれていないからである。このほかにも通園施設と通園事業との間にはたくさんの格差がある。

親の子育て支援を担当する職種はとくに指定されているわけではない。強いて言えば，ソーシャルワーカーが近い立場であるが，通常は子どもの担当者がそのまま親の相談を担うことになる。相談内容によって，時々の状況に応じて園長，ソーシャルワーカー，保健師その他の職種が対応することになる。担当者は必要に応じて臨機応変に相談者を親に紹介できる判断能力が大事である。

b. チーム・アプローチ

障害児は単独の障害だけと考えること自体現実的でない。ほとんどの障害児に対して多様な角度からアプローチすることが求められる。今この仕事に携わっている現場の人たちは，学校で学ばなかったことを現場の中で習得したはずである。しかし，そうであっても，全ての知識を知ることは不可能であり，知る必要もない。多職種どうしが子どもへのアプローチに役割分担をして，互いに活用していくことがむしろ重要である。これも親への対応と同じように，子どもの状態により自分より別の職種に見てもらった方がよいかどうか判断する判断力が必要である。例えば，保育士はPTやSTになれないが，仕事の概略とアプローチの仕方は理解しておかなくてはならない。あるいは逆に，PTやOTが保育内容やねらいを理解しないで訓練内容の指示を出すのでは効果は半減するであろう。このように他職種の業務の内容を理解して共同で子どもにアプローチしなくては効果的でないばかりでなく，害になることにもなる。これは親との間でも当てはまることである。これが施設内ではチーム・アプローチになる。これは一般的には役割分担とも連携とも言われるが，正確に理解されないまま使用されているように思われてならない。

さらに施設内だけでなく，他の機関，他の組織にまで拡大して連携が取り組まれていかなくては地域システムが形成されない。

それではこのチーム・アプローチがどれぐらい実現しているであろうか。これは残念ながら，まだ困難な水準にある。子どもに対しても親に対しても互いに矛盾しない療育内容と説明がされているかどうかであるが，さらに，子どもの発達がトータルに把握され，全体発達を見通して指導内容が編成されているかどうかである。この課題は日本のトップレベルの地域においても実現しているとは言い難い（大阪市児童福祉連盟障害児部会，1997）。日本の早期療育のこれからの課題である。

c. 通園形態

通園の形態には児童単独通園か母子通園，毎日通園か週2～3日通園かあるいは週1日通園，保育所幼稚園との併行通園等のバラエティがある。これらのどれが重要であるか若干検討しておくことが必要である。

通園施設は原則，児童単独通園になっているが，実際は施設ごとにかなりの違いがある。知的障害児通園施設でも母子通園しかとっていない施設もある。週2日の通園グループと3日の通園グループで運営されている施設もある。肢体不自由児通園施設はほとんどが母子通園である。まれに単独通園を試みている施設がある。難聴幼児通園施設もほとんど母子通園である。

通園事業は大半が母子通園であり，隔日通園や週1日や週2日通園であるが，毎日通園を実現している施設も，少ないがある。

それでは，なぜこのような事態が生じているか。単純に考えれば，通園回数が多い方が良いのは当然である。なぜそれが実現できないのであろうか。

d. 受け入れ枠の矛盾

それはこの療育機関の受け入れ枠と対象範囲としている地域の人口（就学前児童数）とがかけ離れているからである。これまでの全国各地の早期療育の取り組みで障害児の出現率は1.5％前後であり，1.5％の受け入れ枠があれば，ほぼもれがないと推定されている。ここで問題になるのが地域に1.5％の受け入れ枠があっても，同じ児童が毎日通園する枠ではないのが現状である。例えば，筆者が前職で勤務していた北海道の千歳市は年間約1000人出生数がある地域で，就学前児童数1～6歳までで1000（人）×6（年）×1.5（％）/100＝90人の受け入れ枠が必要である。これに発達に気がかりな子やグレーゾーンと呼ばれる子どもたちを加えると100人を超える。千歳市は人口が約8万6千人である。これでも全ての障害に対応して障害児を通園させるために必要な職種を配置しているが，約100人が毎日通園できない。施設長以下，保育士，ST，OT，PT，社会福祉士，栄養士，調理員等で21人（14人が市の正職員）の職員配置

である．これらの総予算は1億5千万円を超えていて，9割が人件費である．千歳市は障害児通園（デイサービス）事業の補助金を受けていて，補助額は約1300万円であり，補助金は総経費の1/10にも満たない．東京都下や大阪府下の自治体は直営の障害児通園（デイサービス）事業が多いが，同様の実情であるか，あるいはもっと大きな超過負担で運営されている．

これでは毎日通園させる体制を整えるのはさらに莫大な費用が必要である．現在の制度はこのような出現頻度を想定していないから，子ども（ほとんどが障害児）を毎日通園できるような受け入れ体制をつくることができないのである．

(6) 早期療育の今後
a．受け入れ枠の拡大

全国各地での早期療育の受け入れ枠は大枠として1.5％を目標にして進められている．地域によってはこれよりも高い数値で受け入れているが，日本の大半の地域は1.5％にまでも届いていないのが実態である．先に見たようにこの数値に近づけること自体莫大な費用が必要である．しかし，この1.5％はとてつもない数であろうか．表2-4は世界各国の特別な教育ニーズをもつ子どもの割合を示している（中野，1999）．これを見て先進国の中では日本が極端に低い数値であることがわかる．先進国では少なくても4～5％，多くて10％は特別な教育ニーズをもつ子どもと規定しているのである．これは発達段階が異なるので，そのまま乳幼児期にスライドさせることはできないにしても，筆者らの調査でも4～5％の気がかりな子どもがいることがわかっている（阿部他，1996）．これらのことから，現状よりはるかに多くの子どもが特別な配慮が必要であると推定されるのである．このことを早期療育の分野で無視することはできない．今後の方向は次の子育て支援事業ともかかわり，制度改革を視野に入れて検討しなくてはならないので，c項でまとめて展開する．

b．子育て支援事業との共通性

子育て支援事業が全国的に拡大している．この事業の対象はある意味で全ての子どもであるから，全国の全市町村で実施することが求められる．例えば，北海道では212市町村のうち，62市町村で81か所の子育て支援事業を実施している（2000年実績，今後67か所の増設予定）．これは通園事業が76か所（国庫補助事業と北海道単独補助事業を合わせて67か所で他は市町村単独事業）で，増設の予定はないのと比べても，住民の利用しやすさに大きな違いがあ

表 2-4 特別な教育的ニーズをもつ子どもの割合と所属別構成比（OECD, 1995）

	(1) 特別な教育的ニーズをもつ子ども (%)	(2) 文部省の所管外	(3) 特殊学校・ユニット内	(4) 特殊学級内	(5) メインストリーム外の子ども
オーストラリア	5.22	0	0.63	0.92	1.55
オーストリア	2.55	<0.1	2.55	<0.1	2.55
ベルギー	3.08	<0.1	3.08	不明	3.08
カナダ（ニューブランズウィック）	10.79	0	不明	不明	不明
デンマーク	13.02	0	0.50	1.00	1.50
フィンランド	17.06	0.14	1.85	0.83	2.82
フランス	3.54	1.38	1.26	0.64	3.28
ドイツ	7.00	0	3.69	不明	3.69
ギリシア	0.86	0.18	0.20	0.48	0.38
アイスランド	15.71	0	0.58	0.71	1.29
アイルランド	1.45	0.22	1.04	0.41	1.67
イタリア	1.27	不明	不明	不明	不明
日本	0.89	0	0.37	0.52	0.89
オランダ	3.63	<0.1	3.63	0	3.63
ノルウェー	6.00	<0.1	0.6 （学校と学級）		<0.7
スペイン	2.03	不明	0.80	0.23	1.03
スウェーデン	1.60	0	1.03	→	1.03
スイス	4.90	0	4.90 （学校と学級）		4.90
トルコ	0.74	不明	0.28	0.33	0.61
連合王国	1.85	0	1.3	不明	1.3
アメリカ合衆国	7.00	0	不明	不明	2.90

る。しかし，事業内容は両者とも親への子育て支援の機能が重要であり，共通の機能とスタッフの能力が求められる。しかも，通園事業には子どもの評価と発達支援の機能もある。そして，既に先進的な通園事業では子育て支援事業の対象の子どもを受け入れて実践している。

　主として保育所内で実施されている子育て支援事業に先に述べたグレーゾーンや発達に気がかりな子どもが訪れるのは不思議でないだろう。これらの発達上少し気になる子どもは通園施設や通園事業にはなかなか紹介されないか，あるいは紹介されても気軽には移って行かないであろう。地域内でシステム化して役割分担をしっかりと確認されている場合で，親にもきちんと説明して理解

を求める姿勢がある地域では親の選択として移ることはあり得る。しかし，地域によっては機械的にまたは事務的に移させることにもなりかねない。これでは子どもに少しぐらい問題があると思っていても，見て見ぬ振りをして子育て支援事業の場にとどまらせている方がましになる。否，この方が多いのでないか。これは子育て支援事業にとっても通園事業にとっても有益でない。むしろ，子育て支援事業と通園事業あるいは通園施設とが相互乗り入れできるシステムにする方が機能の向上に結びつく，あるいは，社会の偏見を減らすのに寄与するのでないかと考えられる。

c. 制度改革の方向

aとbで説明したことから通園施設と通園事業は改革されることが求められる。通園施設と通園事業とでは，業務内容が変わらないのにもかかわらず，収入に格段の差があることである。例えば，札幌市にある民間の知的障害児通園施設「むぎのこ」は通園事業を併設していて，通園施設で措置費と通園事業の補助金を受けている。ここの2000年度決算は，以下のとおりである。

○通園施設(定員47人)　　　　約113百万円　このうち　措置費　103百万円
　　　　　　　　　　　　　　　(他は補助金，寄付金，雑収入)
○通園事業(在籍100人以上)　　約18百万円　このうち　補助金　13百万円
　　　　　　　　　　　　　　　(他は寄付金，雑収入)

通園事業は通園施設より多い障害児が通園していても，補助金は一定額以上には出されないので，このように大きな較差が出てしまうのである。他方，先に触れた北海道や東京都，大阪府のように設置自治体が莫大な超過負担をして，基準より多い障害児に対応している地域もある。そこで，一本化した基準にして，規模の大小により収入の差にする。しかし，措置費並みの金額でなくてはならない。

(7) おわりに

早期療育は療育機関だけが努力してもできるようにはならないのは当然である。乳幼児健診の項で述べられている早期発見の努力と工夫があって初めて，早期療育に結びつく条件ができる。この後の支援体制についてはここでは触れないが，相談等にいろいろなかかわりを通じて親子は療育機関に紹介されてくるのである。この経過が円滑に流れるのにはこの療育機関が対象としている地域内で早期発見から早期療育の施設，そして保育所や幼稚園での障害児保育，

さらに就学相談から教育への見通しをもった系統的な地域システムが形成されていることが必須条件である。

親たちは教育期間でも相談を継続して受けられることを望んでいる。

現に障害児通園（デイサービス）事業はそれまで原則幼児としていたものを，1998年度より唐突に学齢児の受け入れをするように通達が出された。しかし，療育現場ではこれを機に学齢児の受け入れをはじめた所はあまりないと思われる。これまで学齢児を受け入れていた所が補助金実績報告書に従来の乳幼児の数に学齢児の通園実績を加えただけである。

だが，これはハード面のことを意味するのではなく，システム内で働く各部署の一人ひとりが全体の目的の中でその部署の役割を自覚・認識して担っていくことを意味している。このグランド・デザインがしっかり理解されて初めて，個々の役割を遂行していくことが可能になる。そうでなければ個々の業務が固定化して，利用者にとって，利用しやすい，便利な早期発見・早期療育システムではなくなってしまうだろう。このような危険性はどのような組織でもありえることで，絶えず見直していく責任者，不都合なことが起こればすぐ改善していく職員の姿勢，どこの部署からでも改善意見が出てくるような組織でなくてはマンネリに陥っていく。この意味でシステム化はもちろん重要であるが，同時にそこで担うべき人間の努力と姿勢を抜きにしては成り立たないのである。つまり，システムも大切でありスタッフも大切である。

ところで，地域的なばらつきはあるが，障害児通園（デイサービス）事業が増えているので，全国では全体としては少しずつ整備されていると見ていた。しかし，2003年度より障害者福祉分野は措置制度が廃止され，支援費制度に変更になった。障害児通園（デイサービス）事業もデイサービスの一つとして支援費制度に組み込まれた（措置制度の3通園施設は児童施設には契約制度がなじまないという理由で支援費制度から外された）。この変更の詳細は省略するが，本書が発刊された頃には実態が明らかになっているだろう。予想では公立施設や民間の大規模施設以外，つまり民間の小規模施設は廃園に追い込まれる所が出るだろう。現に事業を始めようとしていた事業所が取り止めている。公立でも自治体によっては縮小する所も出てくるだろう。

2-3　保育所での障害児保育
(1)　障害児保育の意義と目的

　乳幼児期における適切な保育は、障害をもつ乳幼児にとっても、一人の「人間の子ども」として健やかに心豊かに育っていくために、その後の生涯にわたる人間らしい自己実現に向けての土台を築くために、必要かつ大切なものである。障害児の保育といっても、障害をもたない子(健常児)と異なる何か特別な保育の目標があるわけではない。その基本は、乳幼児期に欠かすことのできない生活体験や心身の発達に必要な学習の機会をどの子にも等しく(障害の特性や程度に応じて適切な方法で)与えようとするものである。

　障害児保育の具体的なねらいとしては、主に次の5つが挙げられよう。

①家庭内での限られがちな閉鎖的な保育状況から解放し、生活経験の幅を広げる。
②友だちとの遊びや生活を通して豊かな人間関係を育てる。
③集団生活の中で基本的な社会生活のルールを伝えていく。
④適切な訓練・指導などを通して潜在能力を伸ばす。
⑤保護者の不安、焦り、罪障感などの解消を図り、落ち着いてゆったりと子どもにかかわれるよう支援する。

　このように、障害児保育とは、障害をもつ乳幼児の障害の軽減と発達の保障をめざして行う保育であるが、その形態は大きく分けて二つある。一つは、障害児を健常児の中で保育する「統合保育」(保育所、幼稚園)であり、もう一つは、障害児だけを対象にした保育(盲・聾・養護学校幼稚部、通園施設、通園(デイサービス)事業など)である。

　わが国では、1974年に障害児保育が制度化されて、すでに四半世紀余りの時がたつ。この制度の発足・発展の歴史をたどってみよう。

(2)　障害児保育制度の歩み

　わが国における障害幼児の保育の始まりは、1916(大正5)年、京都府立盲唖院聾唖部幼稚科であったが、ごく少数の子どもを対象にしていたにすぎなかった。障害をもつ乳幼児の圧倒的多数は、就学するまで生後6年間、社会的な対応もほとんどなされず、集団保育をまったく受けることなく、在宅生活を余儀なくされていたのである。

　しかし、1960年代後半から70年代初めにかけて、「障害児にも保育の場を」というスローガンをかかげて、全国各地で父母や保育者らにより、保育の場の

設置と拡充を求める運動が巻き起こり広がった。その結果，1970年代半ば頃から，障害児保育の必要性・重要性がようやく社会的にも認められるようになり，施策があいついで打ち出された。その一つ「障害児保育実施要綱」の策定（1974年）は，保育所に障害児を受け入れて保育することを国として認め事業化したものである。

この要綱には，障害児保育を実施する自治体には国が補助を行うことが記されているが，対象となる子どもは，障害をもつすべての乳幼児ではなく，家庭での保育に欠けるという一般の保育所措置条件を満たし，かつ集団保育が可能で，日々通所できる中程度の障害児とされている。しかし，これを一つの契機として，障害児保育を実施する自治体の数はしだいに増え，必要な制度上の改善も行われるようになった。

近年とくに1990年代以降の，わが国の社会福祉制度および保育政策の大きな流れとして，「少子化対策としての保育の見直し」があるが，障害児保育は，延長保育や乳児保育などの保育事業と並んで，そのメニューの中に位置づけられ，新「保育所保育指針」(2000年4月施行)でも「入所児童の多様な保育ニーズへの対応」の一つに数えられている。こうした動きの中で，完璧とは言えないまでも「望めば保育が受けられる」というほどまで，障害児保育は今や発展してきている。

しかし，その一方で，「子ども・高齢者・障害児（者）などにかかわる現在の社会福祉制度の根本的見直し・改革」というもう一つの大きな流れの中で，これまで行政が決めていた福祉サービス（措置制度）は，サービスを受ける者が自ら福祉サービスを選択して事業者と私的に契約する「利用契約制度」に改められることになった（2003年4月1日施行）。これにより，障害児保育は新たな局面を迎えている。

また，全国的にみると，保育の財政基盤がもろくなり，地域格差や施設間格差が広がってきており，保育現場の多くはまだ十分とは言えない保育条件のもとに置かれている。しかし，多くの課題をかかえつつも，障害児保育の実践は着実に積み重ねられてきている。具体的にどんな保育が行われているのか，保育所での実践例を紹介しながら，そこで大切にされていることから学びとれることをコメントとして挙げてみよう。

(3) 保育所での障害児保育の実際
a. 集団の中で育ちあう子どもたち
　　（軽度発達遅滞児の保育：東大阪市立O保育所の実践から）

　A男は0歳児で入所し，在園中に軽度発達遅滞が発見され，対人関係障害も合わせもっており，K子は，摂食障害と難聴，軽度発達遅滞で3歳児から入所した子どもである。

　3歳児クラス(23名集団)の時は，A男とK子に，固定の保育者が一人ついて保育し，まず午前中の活動は，ゆったりとふたりのペースに合わせて，ゆさぶり遊びや手遊び，散歩などを中心にプレイルームで過ごし，昼食以降はクラス集団で過ごすようにした。リズムやクッキングなど，ふたりが楽しめるとりくみの時には，クラスで過ごしたりもする中で，お互いがよく見え，子どもどうし意識しあうようになってきたので，後半は，園内障害児小集団に週1回参加し，クラスで過ごす時間を増やしていった。

　対人関係の弱かったA男も，保育者との関係がつき，友だちの中で力をつけていく時期にきていることもあって，4歳児クラス(26名集団)では，固定の保育者をはずすことにし，健常児も含めてどの子も楽しめる活動をしながら興味を経験に結びつけ，経験をていねいに認識に結びつけることを大切にしていった。たとえば，広告紙のクルクル棒づくりをクラスみんなでできるようにとりくみ，その棒でさおをつくり，ザリガニ釣りの遠足に行ったり，釣ってきたザリガニを飼育したり，折り紙でザリガニをつくりクルクル棒のさおでザリガニ釣りごっこをして遊んだりした。（コメント：A男とK子の所属するクラスは幼さがあるので，どの子にもわかりやすい保育内容を重視し，ひとつのとりくみを続け，見通しをもって達成感を味わえる実践の展開がされている。こうした実践スタイルは，A男とK子にとっても理解しやすく，クラスのとりくみに参加しやすくなっている。）

　幼い集団にふたりのことをどう伝えていったらよいか悩んだ時期もあったが，ふたりが変わってきた様子やがんばっているところを日々のかかわりの中で「うさぎ組(3歳児)の時，K子ちゃんどうやった？……今はどうかな？……K子ちゃんな，病院行った時(言語科に月2回通っていた)お話できるように，勉強してがんばってやるねん」というふうに，4歳児たちにわかる言葉で伝えていった。そんな中で，子どもたちなりに，ふたりの姿をまるごと受け入れられる素地が少しずつ育ち，A男とK子もグループの友だちとの生活の中でのぶつかりあいや共感を積み重ねながら自信をつけていった。（コメント：日々

の保育の中で，A男やK子の姿を子どもにわかりやすく伝えていくことで，より一層子どもたちがふたりを受け入れやすくなるよう配慮されている。)

　5歳児クラス(1名退所し25名集団)では，A男，K子のほかに要配慮児が3名おり，全体に月齢も低い幼い子どもたちだったので，保育者は常時2名で保育にあたった。しかし，初めての大きな行事である合宿保育に向けての話し合いが続くと，A男がウロウロしたり，K子も友だちにちょっかいをかけてトラブルを起こしたりする姿が増えてきた。幼い健常児集団と2名の障害児をかかえ，5歳児保育をどう進めていけばいいのか悩んでいたちょうどその頃，保育相談(東大阪市では，年2回心理判定員による保育相談を受けられる)を受けることになった。

　発達検査の結果，ふたりの発達を保障していく上での課題が次のように明らかになった。

　◎A男の課題：
　・体幹を育て，手足の筋力をつける。
　・生活の主人公になれる場面を用意する。
　・相手と共感しながらやりとりする(相手のしていることや要求を聞こうとする。イメージを共有して相手と合わせる)。
　◎K子の課題：
　・言語・認識を育てる(理解言語を促す)。

　そこで，これらをふまえて，保育を見直してみることにした。全体の話し合いの場(たとえば合宿の係を相談して決めるなど)では，ふたりが理解できるように，具体的な物，たとえば絵(各係の仕事内容を絵に描いたものなど)や実物(花かごなど)を用意するようにした。話し合いが長くなったり，理解困難なときは，クラスから離れ，ふたりのペースでゆっくりと，理解できるように話をした。週1回はふたりの好きな遊びや無理せずゆっくりした時間をもつ中で，個人の課題を保障できるようにし，さらに，小さいクラスのお兄ちゃんお姉ちゃんとして，ふたりが主人公になれる場面の保障もした。

　このようなとりくみを通して，ふたりはしだいに落ち着きを取り戻していき，合宿保育では「みんなと一緒に泊まれた」という自信をつけることができた。A男がウロウロしたり，K子がトラブルを起こすのは，理解できないことを保育者に伝えようとするサインだったことがわかった。(コメント：一見「問題行動」に見える子どもの出すサインを子どもの成長したい願いのあらわれとしてとらえ，援助していくことは大切。保育相談などのスーパーバイズを

積極的に受けて，子どもの課題を明らかにし，保育をていねいに見直して課題に合った働きかけを工夫することも大切。A男とK子のふたりが自信をつけ，自己肯定できるように多様な集団を保障しているところも要注目。）

クラスの子どもたちも，A男やK子の存在を通して，どの子に対しても相手の気持ちをわかろうとしたり，「スゴイナー」とがんばりを認めたり，一緒に考えようとする気持ちが育ってきた。A男もK子もクラスの友だちが大好きになり，友だちに支えられるだけでなく，友だちを心配したり励ましたりする姿も見られるようになってきた。（コメント：障害の有無にかかわらず，どの子も，クラス集団の中で一人ひとりが大切にされ，「光る」ことにより，互いに影響しあい育ち合うことができる。ここまで互いに育ち合うには，保育者による日々の保育の中でのさりげない配慮も大切。）

一方，視線を合わさずいつも下を向いていて心を閉ざしてしまったり，イライラして子どもにあたったりと，子育てに自信をなくしていたふたりのお母さんたち。いろいろな要求はせず，保育者はしんどさやつらさを受けとめ共感しながら，がんばっている姿を励ましていった。その中で，お母さん自身が自信をつけ，子どものためにがんばる姿に変わってきた。（コメント：共感や受けとめを通して親（とくに母親）を温かいまなざしでみつめ，「一緒に子育てしていきましょう」という姿勢が親の心を動かし，保育者との信頼関係を築くことになる。親どうしのつながりを図ったり，言葉の教室や病院，通園施設など関係機関と連携しながらの専門的な視点からの親へのアドバイスも大切。）

b．自発性の保障と集団とのかかわり
（自閉性障害児の保育：北海道・第2はとポッポ保育園の実践から）

K君は，1歳4か月の時から保健所で発達相談と経過観察を受けながら家庭で過ごした後，3歳6か月時から半年間，当保育園に週1回午前中2時間の母子通園をし，新年度から4歳児クラス（年中組）に入園した自閉性障害をもつ子どもである。

年中組（ダウン症2名，自閉症1名を含めた20名集団）に単独通園が始まって半年近くは，ほとんど午睡がとれず，午睡の時間も保育者がひとりK君につかなければならない状況だった。家庭でも夜なかなか寝つけなかったり，夜中から朝方までずっと起きていることも時々あり，保育園ではほとんどおんぶやだっこで過ごす生活だったK君。大人からの言葉かけにもほとんど反応せず，さまざまに発する言葉のほとんどは場面と一致しない言葉だった。不安も強く，自傷や奇声を伴ったパニック状態も時折見られた。こうしたK君の状

況から，フリーだった保育者が年度途中（9月）よりK君担当として1名加わり，担任3名で保育することになった。

それ以降，担当保育者となら少しの時間午睡もとれるようになったが，日により時期によりむらがあり，全く午睡しない日も多かった。クラスの子どもたちも給食の時間になって初めてK君の存在に気づくということもしばしばという状況で，K君は一日を通して担当保育者とだけ過ごすため，友だちとのかかわりも進展しなかった。またこの頃お母さんが第2子を妊娠し，体が思うようにならないこともあって，声を張り上げて指示したり，制止したりということが多くなり，なかなか安定しない1年目の保育園生活だった。

年長組になって担当保育者も変わり，改めて年間目標を立てることにした。保育園でのK君は，長い紐のようなものをヒラヒラさせたり，冷蔵庫を開け閉めしたり，ノートをパラパラさせて感触を楽しんだりと，常同的な行動が多く，多動で，とにかくじっといることがなかった。そんなK君の姿にイライラしたお母さんが時々大声でしかりつけて制止したりすると，K君はパニックになりしばらく泣き続けることもしばしばだった。

こうしたK君の姿やお母さんとのやりとりから，K君は「いろいろな面で混乱を起こしているため，不安も強く，常同的行動や落ち着きのなさが目立つのではないか」と保育者は感じ，保育園では「できるだけ周囲の状況をわかりやすくすることが大切」と考えた。また，お母さんからの指示的な言葉かけが多く「K君が自ら考えて行動する場面が奪われているのではないか」と感じ，「本人からの要求を十分に受けとめ，楽しめる活動を保障し，自らの力で考えて行動しようとする機会を増やすことが重要」と考え，家庭との話し合いや連携も欠かせないものとして位置づけた。

以上のことから，次のような年間目標を立てた。
①日々の生活に見通しを持って主体的に生活する。
②意欲的に活動し，要求をいっぱい出させる。
③家庭と保育園が，共通の認識で子どもの姿を理解する。

「いろいろな面で混乱を起こしている」と思われるK君の日常生活に対し，それをわかりやすくするために，担当者をK君の登園時間に合わせた固定勤務にし，朝まずわらべうたでゆさぶり遊びをして，クラスでの朝のおはよう会にほんの少しでも顔を出してから，よほど悪天候でなければ，午前中に必ず外に出かけるなど，できるだけ同じリズムで生活できるよう心がけた。そんなとりくみを続けていく中で，保育園では外に行くとき靴を出す，ジャンパーを着よ

うとするといった行動を自らの判断でできるようになり、簡単な言葉かけやしぐさによって散歩の行き先を見通して行動しているようすもうかがえるようになってきた。家庭でも睡眠の不安定さがなくなり、夜ぐっすり眠れるようになってきた。(コメント：担当保育者がK君と朝から生活を共にし、できるだけ同じリズムで生活できるよう心がけたことにより、日々の生活に見通しがもてるようになり、保育園でも家庭でも安定した生活が営めるようになった。生活に見通しがもてると、子どもは安心してまわりの世界をみつめ主体的に活動しやすくなる。)

　ところが6月中旬に弟が生まれ、お母さんが退院した頃から、自傷（頭打ち）を伴うものすごいパニックが始まり、常同的な行動も急激に多くなって、保育園でも一日中おんぶで過ごす日が続いた。保育者はおんぶしながらイライラすることもあったが、K君にとっては今こそ試練と葛藤の時と考え、K君の小さな変化（たとえば、これまで使ったことのない言葉が聞かれるようになったり、3歳未満児クラスの小さい子たちに興味を示したり）もお母さんに伝え、K君のこの葛藤が次へのステップになることも話し励ましてきた。日常生活でも、運動会や合宿などの行事のとりくみでも、前向きに歩んでいるK君のほんの小さな姿も親に伝えていった。

　そんな中で、パニックは8月下旬頃から少しずつおさまり、K君とお母さんとの関係も深まっていった。(コメント：わが子への期待が大きくなり、「かわいい」と素直に思えない親の気持ちをまずいったんすべて受け入れ、保育者の思いも率直に伝えながら共感することが大切にされている。親が子どもの前向きの姿に心動かされることで、わが子への見方を変えていけるように、日々の保育の様子やK君の小さな変化をしっかりと伝え続けながら、親とのていねいな関係づくりをしている。その中で、お母さんも安定し、K君との関係が深まり、K君のパニックがおさまっていったことに要注目。)

　パニックがひどかった時期は、徹底してK君の行動に保育者がつきあった。マンションの戸口にはってある受信料のシールを一軒一軒いつまでも見ていたり、公衆電話ボックスに入りいつまでも受話器を振り回しているのにつきあったりしながら、本当にこんなことを続けていいのかと、保育者としては不安や迷いもたくさんあった。しかし、とにかくじっくりつきあう中で、K君もようやく気持ちが安定してきた。それまでずっとこだわり続けてきたことに自ら終止符を打ち、次の行動へと向かおうとする姿が見られるようになり、クラス集団と一緒ならがんばって散歩できたり、まわりの子たちがふざけて追いかけて

きても楽しそうに逃げ回るなど，子どもとのかかわりにも少しずつ変化が出てきた。(コメント：クラス集団から離れ，こだわり続けるK君の姿に悩み不安を感じながらも，保育者はK君の行動にさりげなく寄り添いつきあい，K君の興味を探り，この子自身の課題を見出すことで，保育に見通しを持ち不安をのりこえていっている。子どものすべてをまず受けとめていくことは保育の原点。自分の好きなことにつきあってくれる人が同じ空間にいる「心地よさ」を実感することで，子どもはその相手に対して，もっとしてほしい，もっと遊びたいという気持ちをもち，その人との安定した関係の中で次への活動意欲をふくらませていく。)

(4) 就学に向けて—子どもを中心に，親と保育者と専門機関が手をとりあって—

21世紀のこれからの社会では，どんな障害があろうとも，どの人も自分を豊かに表現し，人間らしく生きていくことが求められている。そして，障害児・者をとりまく社会情勢が大きく変わりつつある今，障害をもつ人が人間らしく生きていくためには，乳幼児期の保育でどんな力を育てるかということが改めて問われている。そんな中で，とりわけ就学をひかえた障害児の保育のあり方は，親にとっても保育者にとっても切実な関心事であろう。ここでは，保育所での保育者の課題を中心に，当面どんなとりくみが就学に向けて必要なのか考えてみよう。

これまでみてきたように，障害児保育の実践は，全国各地で積み上げられ深められてきている。そこでは，就学をひかえての親の複雑な思いや悩み，あせり，願いに共感しつつ，その悩みや願いをあきらめではなく，具体的な要求にまで高めていくための援助のあり方も提起されている。

保育所に通う障害児をもつ親が，さまざまな願いを基礎にわが子の就学について考えるとき，保育所での子どもの生活や発達の事実は，親がわが子の状態をつかみ，具体的な就学先を検討する上で重要な資料となる。保育者には，保育所での子どもの生活と発達の事実をていねいに親に伝え，その子の状態と特別なニーズについて親との共通認識を深めていくことが求められる。その際気をつけたいのは，子どものよいところやできるようになってきたことを，単に事実として伝えるだけでなく，そうした「よさや育ち」はどんな条件や場面で実現されてきたのかということも伝えていくということである。保育所でのその子の状態に即したきめの細かい働きかけや配慮があってこそ，その子なりの

力が発揮され伸びていったこと，そうした援助や配慮こそ，その子の願い（特別なニーズ）にほかならないことを心に刻んでおきたい。

　しかし，実際に保育していく上では，先にあげた実践例のように，子どもの課題がつかめないと，保育者は悩みや不安，焦りなどを感じ，保育に自信をなくしてしまうことさえある。そんな時は，障害児担当や担任の保育者だけが障害児をかかえこんで迷い悩むのではなく，園内の他の保育者仲間にも悩みを伝え，園全体で考えていこう。見通しを持って保育を楽しんでいけるように，園全体で取り組むことを大切にしたいものである。

　それでもなお，園内の実践の蓄積だけでは問題が解決しなかったり，「これでいいのか」と不安になったりすることもある。そんな時，スーパーバイザー（巡回指導員）からの具体的な専門的アドバイスが手がかりになり，保育に見通しが持てるようになることがしばしばある。専門機関に気軽に相談にのってもらえると助かるという保育現場の声に応えて，スーパーバイズ制度を設けている自治体が近年多くなってきた。保育所を訪問するスーパーバイザーは，通園施設の職員，健診に携わっている専門家のチーム，大学教員などの専門スタッフなど各地域によってさまざまである。さらに長い見通しの中では，保育者だけでなく，通園施設職員なども含めて自治体レベルで，早期発見，早期療育，保育のシステムをどう築いていくのかを検討し，体制づくりをすすめていくことが今後必要であろう。

　これまでみてきたように，障害児保育は，課題の多い新しい保育の分野であるが，全国各地の実践に学びながら，子どもを中心に，親と保育者と専門機関が手をとりあい力と知恵を寄せあって，共に楽しみつつ，よりよい保育を求め作り上げていくことが大切であろう。ごくあたりまえのことを大切に，保育の手だてを一つひとつきめ細かくていねいに吟味していくことが求められる障害児保育は，まさに「保育の原点」である。

研 究 課 題

1. 母子保健行政の歴史の中で，障害の早期発見の取り組みがどのようにすすめられてきたかをまとめなさい。
2. 自分の住んでいる自治体の早期発見のシステムがどのように整備されているかを調べ，考察しなさい。
3. 早期療育の施設や事業がない自治体では障害乳幼児と保護者はどのような生活をしているか話し合ってみよう。（郡部の町村だけでなく，市でも通園する場のない地域がある。都市部でも数年前までは通う場がないことも珍しくなかった。）

4. あなた自身の住む地域では，保育所でどんな障害をもった乳幼児がどれくらいの数，どのような形で受け入れられているか，また，どんな保育を受けているか調べてみよう。できれば実際に見学に行き，障害児保育の現場の実態にふれてみよう。
5. 保育所での障害児保育のさまざまな実践記録を読んで，そこから学んだことや感じたことなどを仲間と話し合ってみよう。

引用・参考文献

阿部哲美　1999　「障害乳幼児の地域療育システムの構築」『障害乳幼児の療育・保育』（転換期の障害児教育　第2巻）pp.241-287，三友社出版

阿部哲美・他　1996　「早期療育対象児とグレーゾーンの実態分析および各地域における対応の総合的検討」北海道ノーマライゼーション研究，No.8, pp.115-130，北海道ノーマライゼーション研究センター

大阪市児童福祉連盟障害児部会　1997　「障害児通園施設の機能と役割―施設利用OB保護者アンケートのまとめを中心に―」

金川克子・清水美登里　1997　『乳幼児の健診と保健指導』医歯薬出版

近藤直子・他　2001　「自治体における障害乳幼児施策の実態」障害者問題研究，**29**(2), 4-31

全国保育問題研究協議会編　2001　『障害乳幼児の発達と仲間づくり』（保育問題研究シリーズ）新読書社

総理府編　2000　『平成12年版　障害者白書』（平成10年10月1日の現在数）

土岐邦彦　1999　「地域における母子保健」『地域学への招待』（松田之利・西村貢編）pp.134-149，世界思想社

中野善達　1999　「国際機関における障害児教育改革の方向」『世界の障害児教育・特別なニーズ教育』（転換期の障害児教育　第6巻）pp.19-36，三友社出版

中村隆一・西原睦子　1996　「今日の地域保健法，母子保健法と障害の早期発見・療育」障害者問題研究，**24**(3), 4-16

別府悦子　2003　「障害の早期発見と早期対応」『発達障害児の病理と心理（改訂版）』（黒田吉孝・小松秀茂共編）14章，pp.157-171，培風館

茂木俊彦　1997　『総合保育で障害児は育つか』大月書店

茂木俊彦・荒木穂積編　1996　『改訂版テキスト　障害児保育』全障研出版部

コラム

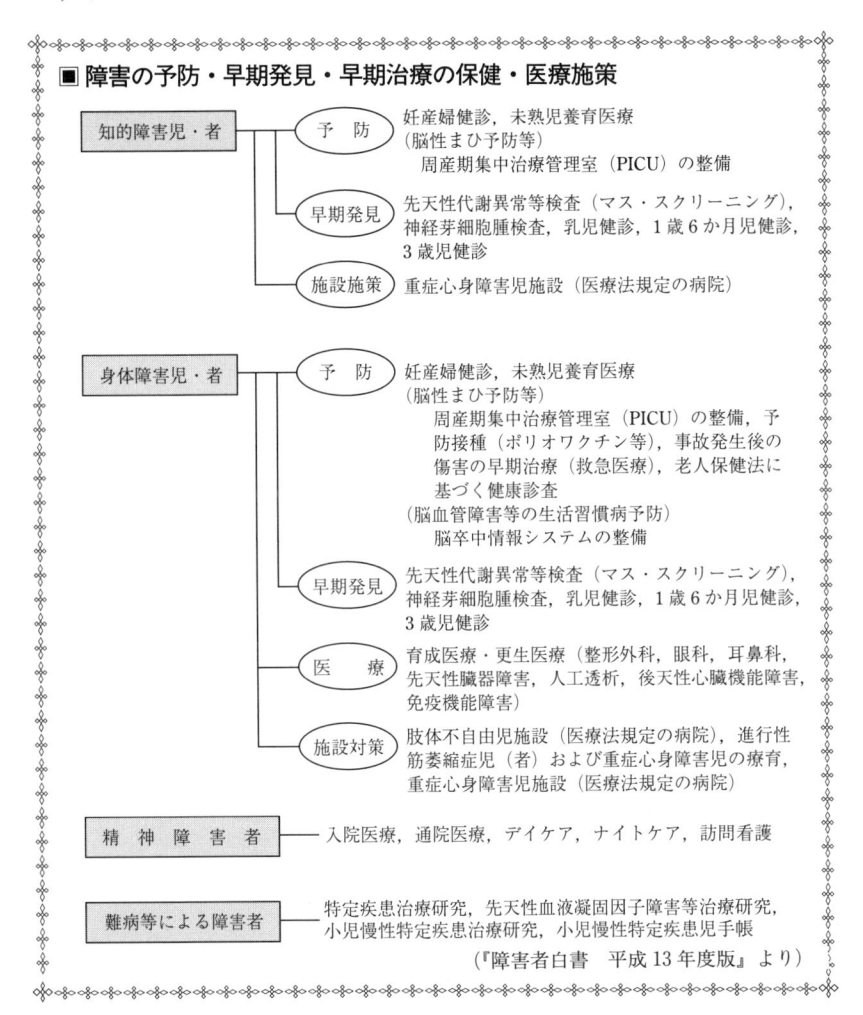

■障害の予防・早期発見・早期治療の保健・医療施策

- 知的障害児・者
  - 予防：妊産婦健診，未熟児養育医療（脳性まひ予防等）周産期集中治療管理室（PICU）の整備
  - 早期発見：先天性代謝異常等検査（マス・スクリーニング），神経芽細胞腫検査，乳児健診，1歳6か月児健診，3歳児健診
  - 施設施策：重症心身障害児施設（医療法規定の病院）

- 身体障害児・者
  - 予防：妊産婦健診，未熟児養育医療（脳性まひ予防等）周産期集中治療管理室（PICU）の整備，予防接種（ポリオワクチン等），事故発生後の傷害の早期治療（救急医療），老人保健法に基づく健康診査（脳血管障害等の生活習慣病予防）脳卒中情報システムの整備
  - 早期発見：先天性代謝異常等検査（マス・スクリーニング），神経芽細胞腫検査，乳児健診，1歳6か月児健診，3歳児健診
  - 医療：育成医療・更生医療（整形外科，眼科，耳鼻科，先天性臓器障害，人工透析，後天性心臓機能障害，免疫機能障害）
  - 施設対策：肢体不自由児施設（医療法規定の病院），進行性筋萎縮症児（者）および重症心身障害児の療育，重症心身障害児施設（医療法規定の病院）

- 精神障害者 ── 入院医療，通院医療，デイケア，ナイトケア，訪問看護

- 難病等による障害者 ── 特定疾患治療研究，先天性血液凝固因子障害等治療研究，小児慢性特定疾患治療研究，小児慢性特定疾患児手帳

（『障害者白書 平成13年度版』より）

3 地域での生活を支える

3-1　障害児の地域・家庭生活
(1)　はじめに

　学齢期の障害のある子どもと家族にとって，帰宅後の家庭や地域での生活や夏休みなどの長期休業中の生活はけっして楽しいものではない。障害のない子どもであれば，戸外で友だちと遊んだり本を読んだりと，自分なりの過ごし方を見つけたり，必要な場合は学童保育所の利用も可能であるが，障害児の場合はこうしたことのほとんどが家族，とりわけ母親の肩にかかってくる。

　障害をもつ子どもの家庭や地域での生活についての課題が広く論議されるようになったのは，おおむね1990年代に入ってからのことである。そこにはつぎのような背景がある。一つには，養護学校義務制から10年を経て，教育権というこの時期の子どもの基本的な権利が保障される基盤が整ってきた1992年9月，部分的にではあるが学校週5日制が始まり，これへの具体的な対応が論議され始めたこと。二つには，障害者と家族の運動によって，障害児が年齢を重ねるにつれて，その主たる介護者である家族，とりわけ母親が健康上の問題に直面しているという指摘がなされるようになったことである。このほかにも，共働き家庭の増加や学童保育所の整備とあいまっての障害児の受け入れなど，さまざまな要因がからみあいながら，今日，障害のある子どもの家庭や地域での生活問題を顕在化させている。すでに全国障害者問題研究会全国大会の討論などでは1980年代初頭から「放課後の生活をゆたかに保障することは，同時に親の生活を保障すること」であり，さらには「子どもの発達，自立のための地域づくり」であるといった指摘を見ることができるが，各地での地道な取り組みが重ねられ，障害児の地域での生活保障には多角的な視点をもったサポートが求められるということが，近年ますます明らかにされている。

　本節では各地で行われた「放課後や休日の子どもの生活」「介護者の健康」に関する実態調査にふれながら，部分的ではあるが展開されはじめた家庭や地

域での生活にかかわる実践を概観する。

(2) 放課後生活の特質

障害をもつ子どもの放課後生活に焦点をあてた調査は，1990年代に入ってこの問題をなんとかしたいという意図をもって，東京，大阪，北海道，鹿児島，愛知などで，関係する人たちによって取り組まれている[*1]。それぞれの地域において独自に計画・実施された調査ではあるが，障害をもつ子どもの生活について，いくつかの共通した指摘をまとめることができる。

その第1は，放課後生活の空間的，人間関係的な貧しさである。表3-1，表3-2に東京，大阪，鹿児島の調査結果の類似項目を並記した。

地域ごとの特性や差異を省略して，これらの結果から障害をもつ子どもの放課後の過ごし方として把握されるのは，自宅(室内)で母親を中心とする家族と過ごしている姿である。その過ごし方をたずねた項目では，「なんとなく」過ごしている，テレビやゲームという項目への回答が多い。「この学童期の子どもたちには遊べる場も，遊べる友だちも，楽しく遊ぶ方法もない，というない

表3-1 「放課後誰と過ごしているか」の設問に対して

	一人	母親	家族	友だち他
東　京	32.8	32.5	30.8	3.9
鹿児島	19.4	37.5	29.4	10.2

表3-2 「放課後どこで過ごしているか」の設問に対して

(養護学校通学児，複数回答)

	自宅	家の周辺	塾・習い事	友だちの家
大　阪	89.2	13.6	2.0	—
鹿児島	85.7	10.7	0	0

[*1] ここではつぎの実態調査報告書を参考にした。
　大阪教育文化センター「子ども調査」研究会　1994　障害をもつ子どもたちの生活と教育　大阪教育文化センター
　障害児の放課後生活実態調査グループ　2000　豊かな放課後ライフを子どもたちに—鹿児島の"障害をもつ子どもの放課後生活"実態調査報告書
　全国障害者問題研究会全国大会放課後分科会　2001　障害児の放課後保障と地域での豊かな生活を—障害児の学童保育的活動・全国実態調査報告と活動報告
　東京に関する調査は，引用・参考文献の越野(1997)参照。

3-1 障害児の地域・家庭生活

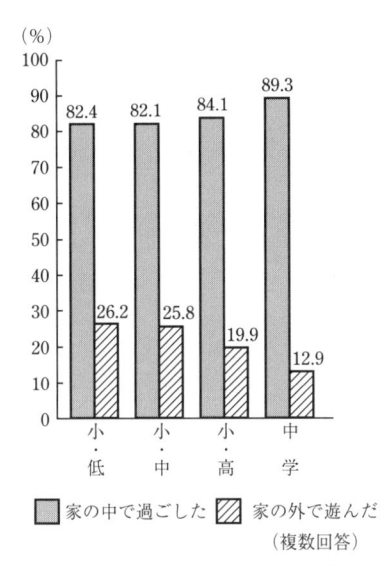

図 3-1 帰宅後の過ごし方──学年による比較
(『障害をもつ子どもたちの生活と教育』1994 年より)

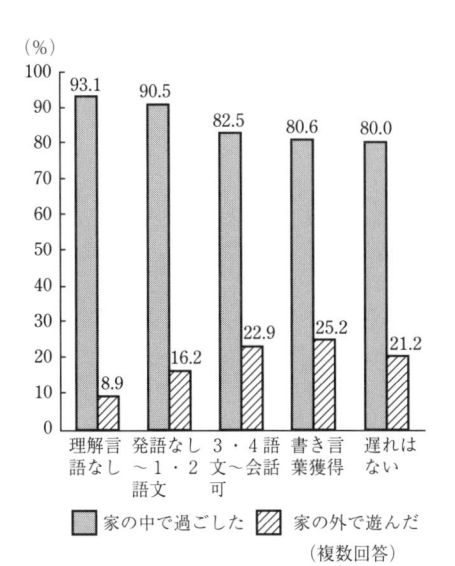

小・低: 家の中で過ごした 82.4%、家の外で遊んだ 26.2%
小・中: 家の中で過ごした 82.1%、家の外で遊んだ 25.8%
小・高: 家の中で過ごした 84.1%、家の外で遊んだ 19.9%
中学: 家の中で過ごした 89.3%、家の外で遊んだ 12.9%
(複数回答)

図 3-2 帰宅後の過ごし方──発達の状態による比較
(『障害をもつ子どもたちの生活と教育』1994 年より)

理解言語なし: 家の中で過ごした 93.1%、家の外で遊んだ 8.9%
発語なし～1・2 語文: 家の中で過ごした 90.5%、家の外で遊んだ 16.2%
3・4 語文～会話可: 家の中で過ごした 82.5%、家の外で遊んだ 22.9%
書き言葉獲得: 家の中で過ごした 80.6%、家の外で遊んだ 25.2%
遅れはない: 家の中で過ごした 80.0%、家の外で遊んだ 21.2%
(複数回答)

ないずくし」——こうした鹿児島の報告書の記述は、現実の貧しさを切実に端的に訴えるものである。

　第2の特徴は、第1点のような貧しさが障害が重い子どもほど、また年齢が高くなるほど、より顕著になるということである。図3-1、図3-2は大阪調査中「昨日の帰宅後の過ごし方」についてたずねた結果である。「家の中で過ごした」が圧倒的に多い中で、「家の外で遊んだ」の割合が年齢、障害の程度によって確実に変動していることがわかる。また、小学校段階と中学校段階の比較において、「ひとり」で過ごすが13.2％から27.7％へと増加しているという結果を示した鹿児島調査は、「兄弟姉妹との間での活動や興味・関心などの違いが大きくなるにつれ、遊ばない・遊べないようになり、また友達関係も広がりにくい中、結果としてひとりで過ごさざるを得ない」とまとめている。障害のない子どもの場合、年が長ずるにつれて、家から外にその活動の場を求め、親や家族から離れていく。しかし、障害をもつ子どもの場合はその逆の現象が生じることに注目する必要がある。

　第3に、年齢が高くなっても家族によるケアが必要であるという第2の点とかかわって、家族、とりわけ母親への過重な負担が継続するということである。表3-1で見たように、放課後誰と過ごしたかという問いに対して、どの調査も「母親」が高位になっている。家庭での生活において母親が中心となっている現実は、母親の就労問題や健康問題などへと連鎖している。この点で東京調査をまとめた越野和之は、「働きたいが働けない」と答えた母親のほとんどがその理由を「障害児がいるため」としており、さらに働いている母親は時間的な制約が大きいなどの実態を示しながら、障害をもつ子どもの母親の就労は女性の就労をめぐる一般的な諸問題の上になおいっそうの困難を重ねるものであると述べている。健康問題については後述するが、子育てに伴う慢性的な疲れ、精神的な疲労により、多くの母親たちが健康を損なってもおかしくない状況に追い込まれている。

　以上の3点は障害をもつ子どもの家庭や地域での生活を特徴づける問題を絞って抽出したにすぎない。子どもの放課後生活という点では学童保育(放課後児童健全育成事業)がこれに応える施策としてあるが、これは親の就労保障に主眼がある。障害をもつ子どもの場合、これにとどまらず、子どもの発達にふさわしい生活を保障する課題、親の健康を守る課題など多角的な視点を必要としていることを理解しておくことがまず重要である。

(3) 放課後生活保障の場

　これまで見てきたように，障害をもつ子どもの放課後生活を保障する場は切実に求められているが，一般の学童保育以外は公的な制度はいまだ存在しない。全国学童保育連絡会によれば，障害児を受け入れる学童保育所は年々増加傾向にあり，旧厚生省の調査では 1,763 か所の学童保育所に 2,691 人の障害児が入所している。また受け入れた学童保育所への加算などの補助金をする自治体が多かったが，2001 年度からは 1 施設に 4 人の障害児を受け入れた学童保育所に対する国の補助制度がはじまった。

　これに対して，親の会や地域の障害者団体，学校教職員などが連携をとって，たとえば夏休みの数日間，楽しい企画をするサマースクール，土曜教室，日曜教室といった，いわば自主的に始まった小さな取り組みは「障害児の放課後保障」あるいは「障害児の学童保育」と呼ばれ，1990 年代後半から各地で展開されている。これらの活動は，親の就労保障を目的とする一般の学童保育とは異なり，障害をもつ子どもの放課後等の生活の特質に焦点をあてて取り組まれているものである。これらに対する国の補助制度はなく，自治体によっては関係者の強い要望によって補助制度がつくられたところもあるが，その数はきわめて少ない。

　全国障害者問題研究会の全国大会の中の「放課後保障と地域での生活分科会」（略称・放課後分科会）の運営者（代表・岡島俊夫）らが中心となって，2000 年 4 月に実施した全国調査によると，「平日の放課後や，土曜・日曜，長期休業中活動している団体」は 130 団体，登録児は 3,082 名であった。岡島らは，調査では把握できない団体が多数存在することを前提にしつつ，これらの団体の活動の特徴について，つぎの 3 点にまとめている。①子どもの発達を促す活動を目的とする，②家族の支援（レスパイト）的要素も含む活動であり「親が働いている」ことを入所の条件にしない，③学齢児全体（小学 1 年～高校 3 年まで）を対象としているところが多い，である。

　自治体の制度で代表的なものを若干紹介しておこう。

・東京都　心身障害(者)児通所訓練事業
　　障害者小規模作業所や障害幼児の通園事業などに適用される制度（1970 年開始）を放課後保障の活動に活用，開始当時の制度名称は「心身障害児通所訓練事業」
・埼玉県　養護学校放課後児童対策事業
　　事業を行う学童クラブに助成をしている市町村に対して県が補助（1988 年開始）
・仙台市　障害児放課後ケア支援等事業
　　放課後ケア事業と長期休暇期間ケア事業の 2 本柱で，職員の人件費および家賃

の一部を補助(1999年開始)

　公的助成をもとめつつも，まずはなんらかの「場」を求めて出発したところが多く，ほとんどが有志の出資やバザーなどによる資金の捻出によって運営されている。

　障害児の発達と家族の安定にとって不可欠といえるこうした活動を公的な制度として確立していくための第一歩として，自治体，さらには国の補助金制度の創設が求められている。

(4) 介護者の健康問題

　「腰痛があっても今は介護しているが，できなくなる時が不安。親の健康は衰える。介護の負担が子どもの年齢とともに大きくなり，限界」「腰痛，背中の痛みが慢性化している。椎間板ヘルニアの手術をした」「母親は一生やめることができないという精神的ストレスが大きい。介護者である母親は一生身体，精神ともに休まることはない」——1995年に東京都立の養護学校在籍児の家族を対象に実施された実態調査の自由記述欄の記述である。この時期に滋賀県や大阪府，京都府などで相次いで障害児(者)の家族に関する生活や健康に関する調査が，障害者団体や教職員組合の共同で行われた[*2]。わが国の障害者福祉は，医療や障害を補う種々の補装具の給付，あるいは施設利用など，主として障害児(者)本人を対象としており，日々の暮らしを支える家族への視点はきわめて希薄である。「障害児の面倒は家族がみて当然」という「自助」を柱とする福祉政策のもとでは，長いあいだ，家族の声はかき消されてきたと言ってもよい。その点で，家族・介護者の健康実態調査は，障害児(者)と家族の生活に正面から光を当て，新しい福祉の課題を照らし出すという意義をもつものであった。

　上に引用したように，家族，とりわけ母親の健康問題は深刻であり，それぞれの調査結果はそれを裏づける詳細な分析を行っている。それぞれの報告は各々特筆すべき内容をもっているが，ここでは全体に共通する指摘を拾い上げ

＊2　ここでは介護と健康に関するつぎのような報告書を参考にした。
　障害児をもつ父母の健康及び生活実態調査実行委員会　1996　障害児をもつ父母の健康及び生活実態調査報告(東京)
　「障害(児)者の家族の健康・生活調査」大阪実行委員会　1996　ともに健やかによりよいくらしを—障害(児)者のくらしと介護者の健康調査報告書
　「障害(児)者・家族のくらしと介護者の健康調査」京都実行委員会　1997　障害(児)者・家族のくらしと介護者の健康調査—結果報告・検証「障害者プラン」・提言—

3-1 障害児の地域・家庭生活

ておこう。

　まず家庭での主たる介護者の9割以上が母親であり，体の不調で共通する訴えは「肩こり」「腰痛」や全身のだるさなど，慢性的な疲労状態にあることを示す症状である。これらは，たとえば身体障害児の介護によって腰が痛くなるという直接的な関係ばかりではなく，疲労の蓄積や精神的なストレスによってもたらされたものでもある。また，睡眠のリズムがずれた自閉症児のケア，呼吸管理や寝返りを必要とする身体障害の重い子どものケアなどで眠れないなど，睡眠不足が慢性的な疲労の要因となっている場合も多い。こうした状態にあっても，母親自身が医者に診てもらうことはほとんどないまま過ごす(大阪の調査では「医者や治療院で治療を受けている」と答えた人は 27.9 %)。

　このような全体に共通する慢性的疲労状態と同時に，障害の違いやその程度と，痛みや不調の現れ方の関係にも注目しなければならない。たとえば，京都の調査が指摘するように，入浴や排泄，移動のほか，ほとんどの生活動作において介助を要する肢体不自由児の親の場合，腰痛，腕のしびれ，背中の痛みなどの点で「肢体不自由なし群との間で顕著な差」がある。では身体介護は比較的低い障害児の場合，そのような訴えが少ないのかというと，けっしてそうではない。この点では，子どもの障害の状態を「身体の状態」と「言葉の状態」の面から分析した東京の調査のつぎのような結果は見過ごしてはならない。すなわち，身体状況の面で最も軽い程度とされた「独り歩き可能」の子どもでも，「多動・自傷」や「指示不可」の群にある子どもの場合，行動の制止や抑制，自発性が乏しいゆえに「抱え運び」や「持ち上げ」などの動作によって，腕や腰への負担が増え，30〜40%の親が「痛み」を自覚しているという。調査は「〈身体状態〉としては，障害が軽度であっても，日常生活での幼児的傾向，行動の自己抑制の困難さ，コミュニケーションの不十分なことによる生活・行動面でのさまざまな問題が，介護者に加わる身体的，精神的負担として健康に影響を及ぼしている」とまとめている。

　最後に障害児と親のライフステージに着目する必要があるという点である。障害のない子どもの場合，子育てがたいへんだといわれる時期は一般には限られている。親の年齢も比較的若く，体力的に乗り越えられる時期でもある。しかし障害児の場合は，子どもが大きくなったからといって「手が離れる」というわけではなく，むしろ思春期をすぎて親の体力との逆転がおき，身体障害が重い場合はかえって体力を使うようになる，あるいは多動などの行動障害がある場合は母親の力では抑えきれないという事態が生じることになる。そして，

成人期障害者の施策の貧困さとも関係して，学校卒業後もひきつづき家族の負担は軽減されることはない。大阪の調査は，親の年代別の分析をして，「親が病気になったり倒れた時のこと」「将来の見通し」などに対しての不安をあげる人の割合が40歳以上で高くなる，50歳以上になると「疲れはてている」「もう続かないと思うことがある」という回答をよせる人が増えるといった実態を示し，「主たる介護者が40歳をすぎると，心身の疲労が増大」との指摘をしている。

　以上みてきたように，介護者の健康実態調査を通して指摘されていることは，健康は自己管理などの個人に責任を帰せられる問題ではないという点である。そもそも国民が健康で豊かに生きる権利は憲法に保障されており，健康に生きるための施策は障害児とその家族にこそ講じられなければならない。そのさい，調査が明らかにしているような障害児を育てる家族に生じる困難の特質に視点をあて，家族を支援する施策を充実させることが重要である。

　現行の障害者福祉施策のなかで，家族支援に重点をおいたサービスとしては短期入所事業(ショートステイ)がある。この事業は障害者(児)の介護をしている家族が，さまざまな理由で介護できなくなったときに，一時的に入所施設を利用し家族の負担を軽減しようというものである。当初，18歳以上のしかも身体障害者のみを対象として，その理由が疾病や出産，冠婚葬祭などの「社会的理由」などに限られていたため，非常に利用しにくいとの指摘があった。それが上述のような家族の介護と健康問題が注目されたことも理由となって，児童の利用や知的障害者の利用できる制度となり，現在は介護疲れをとるための休養，旅行やスポーツなどの「私的理由」での利用も認められている(期間は7日以内)。また対象となる障害者(児)の障害の程度も重度のみから中・軽度へと拡大され，宿泊を伴わない日中利用も可能となった。

　しかし，実際には受け入れる施設である身体障害者，知的障害者それぞれの入所施設(更生施設や療護施設)，障害児施設が近くになかったり，受け入れ数が少なかったりと，気軽に利用できる条件は整っていない。とりわけ日中の一時預かりなどへの要求は高まっており，レスパイトケアなどという名称でこうした事業もはじまっている。家族にレスパイト＝一時的な休養，休息を保障するためのサービスで，既存の施設が独自に行うサービスとして，あるいは自主的なグループ(会員制などをとっている)など，さまざまな形態がある。これらの現行施策には組み込まれていないサービスに対して，今後，公的な補助金の道が開かれることが期待されている。

3-2 障害者の自立と地域生活

(1) はじめに

　第1章でふれられているように，わが国の障害者福祉は国連の国際障害者年（1981年）を契機として確実に前進している。国連の行動提起を受けて，政府の責任で障害者施策を計画化することが実現したことが，その要因の一つとしてあげられる。「障害者対策に関する長期計画」(1982年)，「『長期計画』後期重点施策」(1987年)，「障害者対策に関する新長期計画」(1993年)，そして「新長期計画」の後半の重点計画としての「障害者プラン」(1995年)と，この20年間に障害者施策の立案と評価が繰り返され，「障害者プラン」にいたってはじめて，部分的ながらも数値目標をふくんだ計画が策定された。

　「障害者プラン」は内容の構成上，はじめて「地域での生活」という柱を立てたことでも注目されるものとなった。「長期計画」「新長期計画」の双方とも，具体的な施策の分野を「啓発広報」「保健医療」「教育・育成」「雇用」など，いわば行政の枠で構成しているのに対し，「障害者プラン」のそれは，「地域で共に生活するために」「社会的自立を促進するために」「生活の質(QOL)の向上をめざして」など，障害者の生活の側の視点をもった七つの分野で構成されている。「障害者プラン」中の基本的施策は「新長期計画」であるから，「七つの分野に再構成した」という表現がふさわしいのかもしれないが，国際障害者年以降のノーマライゼーションの理念の普及を背景として，わが国の障害者施策が，やっと地域での障害者の暮らしという視点を持ちはじめたのはまちがいないだろう。

　清水貞夫は地域とは「人間が生まれ，住み，育ち，学び，暮らす地理的区分」であり，「日常的に生き暮らすことから『暮らしの地域』と表現してよいだろう」と述べている。地域というとき，そこで障害をもつ人のゆたかな暮らしが描かれなければならない。本節では，在宅福祉施策の現状を利用者の実態を通して考え，障害者の地域生活の課題について概観する。

(2) 在宅福祉とは

　ホームヘルプサービス（訪問介護），デイサービス（日帰り介護），ショートステイ（短期入所）を主な柱として，障害者が住みなれた地域で生活することができるように展開されている事業を在宅サービスとよぶ。ホームヘルプサービスはヘルパーが障害者の家庭にでかけて，必要な介護や家事援助，外出の付き添

いなどを行う。デイサービスは障害者が自立の促進や機能の改善を目的として，障害者福祉センターなどに通所し，手芸や工作教室，入浴，給食などのサービスを受ける。ショートステイとは介護者である家族が疾病などにより介護が不可能になった場合，入所施設等で一時的な保護を行うものである。いずれもこれまで市町村を実施主体とし，実際の事業は多くの場合，市町村の委託を受けた社会福祉法人や社会福祉協議会が行ってきた。（社会福祉法の成立（2000年5月）により，障害者福祉の分野では支援費制度が導入された（2003年4月）。これにより，ホームヘルプサービスなどの実施は，指定された基準を満たす事業者となる。第8章3節参照。）

これらのサービスはもともと高齢者福祉の分野で開発されてきたものであり，それが先に述べたような障害者の地域生活のための福祉サービスとして1980年代に整備されてきた。その後，90年代には徐々に改善され，ホームヘルプサービスでは身体障害者のみの制度であったのが知的障害者に適用される制度が新設されたり，大人だけでなく子どもも対象としたものになったりといった対象の拡大や，外出の付き添いをするガイドヘルパーの新設などの内容の拡充がなされ，ショートステイも，前項でふれたように当初限られた理由でしか利用できなかったのが旅行や休養などでも利用できるようになったり，障害程度が中・軽度の人の利用が可能になった。

なお介護保険制度の開始（2000年4月）により，65歳以上の障害者の場合は同制度を優先させてホームヘルパーやデイサービスを利用することになっている。

これら在宅福祉3本柱とよばれる事業に加えて重要な位置を占めるのが，重度身体障害者日常生活用具給付等事業である。この事業は日常生活がより円滑に行われるために，個々の障害者に対して機器を給付（または貸与）する制度である（表3-3参照）。

(3) 障害者の生活と在宅サービス

ところで，「新長期計画」は「各種の在宅介護事業の充実を図る」ことを掲げ，「障害者プラン」ではホームヘルパー45,000人（高齢者福祉のヘルパーに上乗せされる目標），デイサービス1,000か所，ショートステイ4,500人分を目標とした。障害者プランの最終年を1年残した2000（平成12）年度時点ではそれぞれ37,200人分，857か所，3,929人分が達成され，不十分ながらも目標に近づいてきた。しかしこれらの数字は，つぎの二つの視点で再度吟味されなけれ

表 3-3　日常生活用具の給付等

下肢・体幹障害	浴槽，湯沸器，便器，特殊マット，特殊寝台，特殊尿器，入浴担架，体位変換器，入浴補助用具，移動用リフト，歩行支援用具，居宅生活動作補助用具
上　肢　障　害	特殊便器，ワードプロセッサー
意　志　伝　達	重度障害者用意志伝達装置，携帯用会話補助装置
視　覚　障　害	盲人用テープレコーダー，時計，タイムスイッチ，カナタイプライター，点字タイプライター，電卓，電磁調理器，音声式体温計，秤，点字図書，体重計，拡大読書器，歩行時間延長信号機用小型送信機，点字ディスプレイ
聴　覚　障　害	聴覚障害者用屋内信号装置，聴覚障害者用通信装置，文字放送デコーダー
じん臓機能障害	透析液加温器
呼吸器機能障害	酸素ボンベ運搬車，ネブライザー，電気式たん吸引器
共　　　　　通	火災警報器，自動消火器，緊急通報装置
貸　与　品　目	福祉電話，ファックス
共　同　利　用	視覚障害者用ワードプロセッサー

（『平成13年版　障害者白書』より）

ばならない。一つは，障害者の暮らす身近な市町村単位でこれらの社会資源が十分整備されているかという点である。もう一つは，サービスの利用者である障害者が利用しやすいものかどうかという視点である。

　第1の点については，現在わが国の市町村3,200余をベースに考えると，デイサービス1,000か所やショートステイ4,500人という目標自体が低く，明らかに「すべての自治体」という発想に立っていないといえる。しかも，たとえば障害者プラン策定時のデイサービス数はすでに501か所であり，7年間に500か所開設するという計画はそれほど大きな目標ではなかったと思われる。在宅サービスの整備目標を立てる場合に，自治体の人口規模や条件にもとづいて，地域から積み上げていく視点が不可欠である。しかし残念ながら市町村障害者計画の策定はなかなかすすまず，2001年3月末になってやっと74.8％となったが，そのなかで具体的な数値目標を掲げた計画はきわめて少ない。こうしたなかでは，たとえ国が決めた障害者プランの数値が達成されたとしても，地域間のサービスの不均等は避けられない。このことはすなわち一人ひとりの障害者の利用に不便を生じることになると思われる。

　第2の点については，一人ひとりの障害者の暮らしに光をあてて検証する必要がある。このことについて，たとえばホームヘルプに限って考えてみよう。障害者への介護といっても，それぞれの人の生活のスタイルはまったく異な

る。在宅で24時間の全面的な介護が必要な人，ちょっとしたヘルプで身体的にもかなり楽になる人など，障害者の在宅サービスへの要望は多様である。たとえば，こんな声がある。会社勤めをしている障害者はホームヘルパーは利用できないが，実際は朝のゴミ出し，自家用車での出勤のさい車イスの出し入れなどをヘルプしてくれる人がほしいという要望を出していた。また肢体障害をもつ夫婦の場合，子どもの沐浴などへのヘルプを求める声は強い。「家事援助」の範疇でできないこともある。たとえば一人暮らしの障害者は「爪切り」は「身体介護になるから」と断られたという経験を語っていた。ほとんどのことは自分でできるが，作業所などで仕事をして帰宅後，疲れて家のことがなかなかできないので，週1回午前中2時間だけ，掃除と洗濯，入浴介助を内容としてヘルパーを依頼することで，生活がずいぶん楽になった経験をもつ障害者もいる。たしかに，こうした一人ひとりの生活に合わせた福祉サービスという点での実態はまだまだたいへん貧しい。特に夜間，休日のヘルパー利用は普及しておらず，地域間の格差もたいへん大きい。

　こうしたなかで注目されるようになったのが，東京都の全身性障害者介護人派遣事業である。この事業は障害者が介護人を指定し，1日8時間の範囲で年間を通じて介護を依頼できる制度で，利用に応じて東京都から介護人に料金が支払われるようになっている。この事業がモデルになって，類似したホームヘルプ事業を開始する自治体も増えてきた（ただし2003年4月からの支援費制度のもとで制度変更が予定されている）。

　障害者の在宅福祉の改善を考える場合，各種のサービスを組み合わせて「暮らしを組み立てる」という発想が必要である。いくつか例をあげておこう。東京に住む脳性マヒによる身体障害をもつAさんは，同じく脳性マヒの障害をもつ奥さんが仕事に出ている日中のほとんどを車イスの上で過ごす。バリアフリー仕様の住宅なので室内の移動はゆっくりとなら自力でできる。Aさんの家に障害者福祉のホームヘルパーが来るのは，1日10時〜13時の3時間で，週4日。主に掃除，洗濯，入浴介助を頼んでいる。このほかに東京都の全身性障害者介護人派遣事業を1日2時間，週4回利用。この介護人には昼食の準備と片づけ，夕食の準備を主に頼んでいる。Bさんは電動車イスを使用しているが，上肢も不自由。自宅を改造して高齢の母親と二人暮らしている。Bさんも綿密な計画のもと，障害者福祉のヘルパー，東京都の介護人派遣，さらには母親の介護保険制度のヘルパーを組み合わせている。たとえば，9時〜12時Bさんのホームヘルパー（家事，昼食準備），13時〜17時介護保険のヘルパーと

訪問看護(家事,入浴介護),21時～23時全身性障害者介護人という具合である。

ここではホームヘルプサービスの事例を紹介したが,同様に在宅福祉のサービスを個々の障害者・家族の生活に合わせてどのように選択するか,すなわち行政が福祉のメニューの中からサービスを決めるのではなく,利用者が主体となった福祉のあり方が追求されるようになりつつある。これからの障害者福祉の施策にあたって,障害者の暮らしの中から生まれる要求,それをある程度のエリア内でどう実現するのか,そしてそれを自治体施策としてどう計画化するのかといった,生活から積み上げる視点が重要になってくるといえよう。

このように自治体や民間の福祉サービスをどのように組み合わせるかについて検討することはケアマネジメントとよばれ,高齢者福祉の領域において介護保険制度に組み込まれ,ケアマネージャーという資格も確立している。障害者福祉の領域でもこうしたシステムを望む声は強いが国の制度とはなっておらず,今のところ自治体ごとの養成に任されている。

3-3　地域での生活を支える視点

「障害者は,その社会の他の集団とは異なったニーズをもつ特別な集団と考えられるべきではなく,その通常の人間的ニーズを満たすのに特別の困難をもつ普通の市民なのだと考えられるべきである」。国際障害者年行動計画(第63項－1980年)にはこのような文言がある。ここには「まず人間であること」を宣言した障害者権利宣言の上に,人間としての要求を実現するために特別なケアを必要とする,そしてその特別なケアを求めることも人間としての権利である,と,より具体的に「同等の権利」を保障するための方向性を示している。これは「ノーマライゼーション社会の実現」のすじ道だともいえよう。人間としての権利と特別なケアへの権利,この二つを統一して保障してこそ,ノーマライゼーションが実現する。これが20世紀に到達した障害者の権利保障の思想であり,これを現実のものとすることに21世紀の課題がある。

障害をもつ人たちが「普通の市民」として生活する上での困難は,じつはこれまでその解決を個々人の努力に任されてきた部分があまりにも多い。場合によっては,解決をしないことで表面化せずに終わっていることもある。そうした現実を変えるためには,より生活に密着した視点が必要である。その一例としては,福祉サービスと生活の間のズレである。夏の暑い盛りであっても入浴「サービスは週1回」と決まっていれば我慢するしかない,電動車イスは給付

されたものの住宅を改造しなければ室内で利用できない，といった訴えのように，メニューがあることと，それが生活にフィットしているかどうかは別の問題である。

またわが国の障害者福祉の制度は，障害をもつ女性に対するケアや障害者が家族を形成するという視点，あるいは障害者が年を重ねるという視点がまったく欠落している。その結果，出産や育児，家事の援助が不十分であったり，加齢に伴う健康管理のケアなどがほとんど施策となっていない。こうしたライフステージを見渡したときに，まさに「普通の市民」として行動できるような多様な福祉サービスが実施されるようにすべきであろう。

わが国では，不十分さは残しつつも1980年代後半〜1990年代前半にかけて，法律の改正が相次ぎ，たとえば93年の障害者基本法で「障害者は，社会を構成する一員として社会，経済，文化その他あらゆる分野の活動に参加する機会を与えられるものとする」と記され，この20年間の権利保障の発展が基本法の理念に反映したとも言える。しかしそれを一人の障害者に具体的に投影させ，〈人間としてのあたりまえの生活〉を実現できるようにするためには，法律から地域ネットワークまですみずみにわたって点検をしていく必要がある。

研究課題
1. 障害児の放課後生活の特質を述べなさい。
2. 自分の住んでいる自治体と近隣の自治体が作成している障害者福祉サービスの広報をとりよせ，比較検討してみよう。

引用・参考文献
越野和之　1997　「学校外生活の現状と地域生活の保障」（大久保・清水編『障害児教育学』所収）全障研出版部
品川文雄　2001　「障害児の放課後保障の展望」障害者問題研究，**29**(1)，33-41
清水貞夫　1998　「地域づくりと養護学校教育の課題」発達障害研究，**20**(3)，21-29
内閣府　2001　『平成13年版　障害者白書』財務省印刷局
吉本哲夫・白沢仁・玉村公二彦　1996　『障害者プランと現代の人権』全障研出版部

コラム

■ 障害者の生活実態

　地方自治体の中には，障害福祉施策推進の基礎資料にするために，障害者の生活実態調査を実施しているところがある。東京都は，1999年に「障害者の生活実態」調査を行い，その結果を公表している。同調査では，18歳以上の身体障害者，知的障害者，精神障害者約87,000人あまりを対象にして面接・聞き取り調査が行われた。その概要を要約すると以下のとおりである。

(1) 住まいの種類

　「持ち家(一戸建て，分譲マンションなど)」の割合が，身体障害者，知的障害者ともに高く約6割を占めている。精神障害者では，「持ち家(一戸建て，分譲マンションなど)」の割合は約4割で，「民間賃貸(アパート，マンションなど)」「都営などの公営住宅」などの「貸家」が約5割を占めている。

(2) 一緒に住んでいる人(複数回答)

　身体障害者では，多い順に「配偶者」「子ども・孫」「親」である。また「一人で暮らしている」は15.8％であった。知的障害者では，多い順に「親」「兄弟姉妹」「寮や施設の職員・仲間」で，「一人で暮らしている」は3.0％であった。精神障害者では多い順に「親」「配偶者」「兄弟姉妹」であり，「一人で暮らしている」は24.4％であった。

(3) 収入を伴う仕事について

　前月中に収入を伴う仕事をしたか否かについて，身体障害者で「した」と答えた者は27.3％，そのうち約3割が「正社員などの常用勤務者」であった。知的障害者では「した」と答えた者は56.3％で，そのうち約6割が「福祉的就労(作業所・授産施設での就労)」であった。精神障害者では，「した」と答えた者は26.4％で，そのうち約6割が「福祉的就労(作業所・授産施設での就労)」であった。

(4) 障害のためにあきらめたり妥協したこと(複数回答)

　身体障害者では，多い順に「旅行や遠距離の外出」「スポーツ，文化活動」「近距離の外出」であった。知的障害者では，多い順に「就職」「結婚」「異性とのつきあい」であった。精神障害者では，多い順に「就職」「人づきあい」「旅行や遠距離の外出」であった。

(5) 福祉サービスの利用状況について

　身体障害者では，住宅改造や福祉機器サービスの利用およびホームヘルプサービスの利用が多く，これらは12％以上の人が「利用している」と回答した。知的障害者では，通所サービスの利用が多く，ついで短期宿泊サービスであった。精神障害者では，知的障害者と同様に通所サービスの利用が多く，20％以上の人が利用していると回答し，ついでホームヘルプサービスの利用が多かった。

(6) 今後利用したい福祉サービス(3つまで複数回答)

　身体障害者では，多い順に「ホームヘルプサービス」「相談サービス」「住宅改造や福祉機器サービス」であった。知的障害者では，多い順に「相談サービ

ス」「短期宿泊サービス」「就労支援サービス」であった。精神障害者では，多い順に「相談サービス」「就労支援サービス」「ホームヘルプサービス」であった。

4 障害者の働く生活

4-1 事業所で働く
(1) わが国の障害者雇用促進の歩み

わが国における障害者の雇用促進施策は，欧米がそうであるように，傷痍軍人を対象にして始められたが，敗戦とともに，非軍事化・民主化の中で軍人優先の施策は廃止される。わが国における最初の障害者雇用対策は，高度経済成長期に入る1960(昭和35)年のいわゆる「安保」国会で成立した「身体障害者雇用促進法」である。同法が，官公庁に対して雇用義務を課せられるものの，民間事業所には努力義務としての雇用率が設定され，事業主に委託して企業内で行う職場適応訓練制度がもりこまれた。また同法は，法律名が示すとおり，対象を身体障害者に限定し，知的障害者は社会的施策の対象としてはいまだ認識されなかったし，精神障害者は病者であり障害者として理解されていなかった。つまり，職業上の困難が大きい障害者は雇用促進の対象とならなかったのである。

「身体障害者雇用促進法」は，数次の改定を経て1976(昭和51)年に抜本的改定が行われた。これは，1973(昭和48)年の石油ショックを契機として高度経済成長が終わり低成長の時代になり，労働市場で大きな雇用需要の期待ができない状況で，引き続き障害者雇用の促進を図ろうとする抜本的改革であった。抜本的改定の内容は，法的義務としての雇用率制度の強化と，それを経済的側面から裏打ちする納付金制度を骨格とするものであった。しかし，この抜本的改定においても，知的障害者は引き続き雇用促進施策の対象外とされた。その理由は，①知的障害者が雇用に適するか否かの判定が困難である，②知的障害者の適職開発が進んでいない，③知的障害者が雇用面以外の生活指導上の課題を抱えている，というものであった。障害者雇用促進策の抜本的改定は，雇用促進策の対象が身体障害者中心であり，それも身体障害者の障害特性に合致した"適職"探しの域をでるものでなかった。また知的障害者は，職業紹介，適

応訓練，納付金の減額などの措置の対象になるにすぎなかった。精神障害者については，引き続き雇用促進対象と理解されないままであった。

その後，1981年に，国連による「国際障害者年」があり，「完全参加と平等」が叫ばれた。またその2年後には，「国連・障害者の10年」(1983～1992年)が設定される。ILOは「国際障害者年」を想起しながら，1983(昭和58)年に「職業リハビリテーション及び雇用(障害者)に関する条約」(第159号)を採択する。同条約は「すべての種類の障害者に対する職業リハビリテーション事業の実施」「開かれた労働市場における障害者の雇用機会の拡大」を求め，わが国は同条約の批准を求められた。こうした時代の変化を反映して，「身体障害者雇用促進法」は1987(昭和62)年に再度抜本的に改定され「障害者雇用促進法(障害者の雇用の促進等に関する法律)」となる。同法は，第2条で労働大臣による「障害者雇用対策基本方針」の策定を規定するとともに，雇用促進施策の対象を全障害者(精神障害者は除外)に拡大する。同法は，名目的には，知的障害者や精神障害者を対象として包含するものではあったが，知的障害者は，雇用されたときに，実雇用率に限り算入され，後述する調整金と報奨金の支給対象となるというものであった。精神障害者は，そうした措置もなく身体障害者等と大きな格差をもった扱いであった。

この間，職業生活で大きな困難をもつ重度障害者の雇用対策が社会的に顕在化し，それへの対応が新たに求められるようになる。こうした中で，旧労働省は，1993(平成5)年に「障害者雇用対策基本方針」を打ち出し，重度障害者に最重点を置く総合的な対策の推進をうたった。また同年，旧労働省は，「障害者対策に関する新長期計画」を策定し，「重度障害者に最大の重点を置く」方針を同じように示す。このように，雇用対策は重度障害者へと力点が移り始める。かくして，施策化されたのが，一つに，地方公共団体と民間企業の共同出資による第三セクター方式による重度障害者雇用企業の育成・促進の強化であった。その二つは，職域開発援助事業(米国の援護付き雇用の日本版といわれるが給料の支給がないのが日本的特徴)の開始であった。これは，地域障害者職業センターが1992(平成4)年から実施しているもので，重度障害者を対象にして職業生活全般にかかわる技術面から生活面まで細かい指導援助を行うことにより職業能力の向上と職域開発を行うことを目的にした事業である。

その後，「障害者雇用促進法」は，数次にわたり改定が行われる。1992(平成4)年の改定では，重度知的障害者が実雇用率でダブルカウントの対象になる。また重度障害者(身体障害および知的障害，ただし精神障害は1998年から)の

4-1 事業所で働く

短時間雇用に対する雇用率および納付金制度の適用が行われるようになる。同時に，重度知的障害者を対象にして，特定求職者雇用開発助成金(賃金の一部を重度障害者は1年6か月，45歳以上の身体および知的障害の場合は1年支給する。納付金制度によるのでなく雇用保険資金から支給される)が設定されるとともに，中途障害者作業施設設置等助成金と重度中途障害者職場適応助成金が設けられ雇い入れ時だけでなく雇用継続のためにも使用できるようになる。1997(平成9)年の改定では，次年の7月1日より実雇用率への算入はできても雇用義務からはずされていた知的障害者が雇用義務の対象に組み入れられたものの，精神障害者は助成金の対象ではあっても調整金や奨励金の対象外に引き続き置かれた。

(2) 雇用率制度と納付金制度を骨格とする日本の障害者雇用法制

　日本における障害者雇用対策は企業等に定率の障害者雇用を割り当てる制度である。一定規模以上の常用労働者を雇用する民間企業や官公庁に対して，最低限雇い入れなければならない障害者の割合(法定雇用率)が法定されている。法定雇用率は，"常用雇用障害者数＋失業障害者数"を分子として，"常用雇用労働者総数＋失業者数－除外率相当労働者数(障害者が就業することが困難である職種として厚生労働省の認める業種の労働者総数の割合)"を分母としたときに得られる割合である(算式で障害者は雇用義務対象の障害者を意味することから法対象障害が拡大すると，それだけ雇用率は大きくなる)。「障害者雇用促進法」の対象となる障害者総数が変化するとともに法定雇用率は変化するが,「身体障害者雇用促進法」の制定当時，民間事業所の法定雇用率は，事務部門1.1％現業部門1.3％であったが，その後，1976年に一律1.5％，1986年1.6％，1988年に1.8％と変更されて今日を迎えている。

　法定雇用率は，当初は事業所を単位にして法定されたが，努力義務が法定義務になる過程で企業をひとまとまりにして設定される方式を採用するように変更されてきた。これは，本社と複数の支店から構成される企業体においては，一つひとつの支店に雇用率が適用されないということである。その措置は，雇用率適用規模以下の小規模支店を全国展開している企業をひとまとまりにして雇用率を適用する一方で，支店を多く抱えた地方都市では，多数の事業所が立地していても，それぞれは障害者雇用の義務をもたないことを意味している。また,「特例子会社」制度があり，事業主が障害者の雇用に特別な配慮をした子会社を設立した場合，その「特例子会社」の雇用する障害者数を親企業の雇

```
法定雇用率
   │
   ▼
 ┌─────┐   ┌─ 調整金の支給
 │ 納付金 │──┤   (法定雇用率オーバー事業主)
 └─────┘   │
   ▲       ├─ 報奨金の支給         ┌─ ① 障害者作業施設設置等助成金
   │       │   (障害者多数雇用事業主)  ├─ ② 重度障害者介助等助成金
   │       │                      ├─ ③ 障害者能力開発助成金
   │       └─ (障害者を雇い入れる ───┤─ ④ 障害者福祉施設設置等助成金
   │          事業主等)             ├─ ⑤ 重度障害者通勤対策助成金
   │                              └─ ⑥ 重度障害者多数雇用事業所施設
 ┌─────┐                              設備等助成金
 │未達成事業主│
 │一般会計(税金)│───────────────────┬─ 特定求職者雇用開発助成金
 └─────┘                          ├─ 中途障害者作業施設設置等助成金
                                  └─ 中途障害者職場適応助成金
```

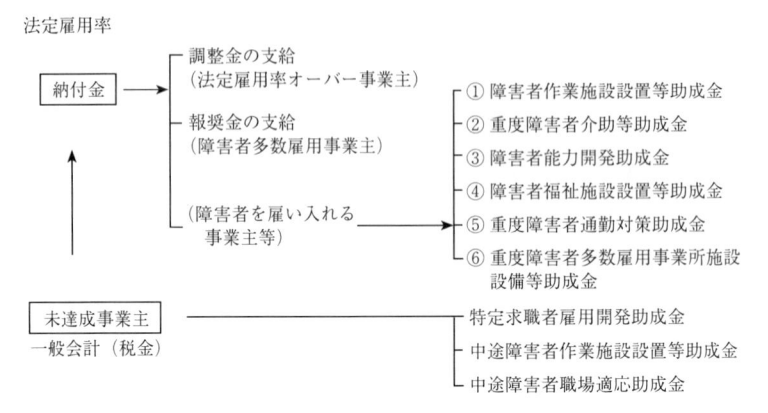

図 4-1　納付金の使途模式図

用障害者数に算入することができるようになっている。この「特例子会社」制度は,大企業が法定雇用率を達成させるための便法となっているとの批判があるものの,障害者雇用の促進に寄与していることもまた事実である。なお,第三セクター企業(ただし,ほとんどが中小企業者)の重度障害者雇用企業は多くが「特例子会社」の認定を受けている。

　法定雇用率は,現行(2003年)では,常用労働者56人以上の一般民間企業1.8％以上,常用労働者48人以上の特殊法人2.1％,職員数48人以上の国・地方公共団体2.1％(ただし,職員50人以上の都道府県等の教育委員会は2.0％)となっている。ただし,実雇用率(雇用されている障害者数/常用労働者数)の算定に当たっては,重度障害者(重度身体障害者あるいは重度知的障害者)を雇用したとき2名の障害者を雇用したものとみなしている(ダブルカウント制度)。これは,雇用を望みながら雇用の機会の少ない重度障害者の雇用促進を図ろうとするものである。また同様に,重度障害者に対する雇用の場の確保策として,短時間労働者として重度障害者を雇用したとき通常勤務の障害者1名を雇用したものとして算出する施策が採用されている。

　他方,一定規模の企業等に義務として課せられる法定雇用率制度の経済的な裏打ちをなしているのが納付金制度である。この制度は,障害者の雇用に伴う経済的な負担を調整するとともに障害者の雇用水準を引き上げるために事業主に対する助成・援助を行うことを目的とした制度である。より具体的には,義務づけられた法定雇用率を達成できない企業等から,雇用すべき人数に不足す

る障害者数に応じて月額1人5万円(1992年度から適用,2001年度の金額)の納付金を徴収するとともに,法定された障害者数を超えるときは,超えた障害者数に応じて月額1人あたり2.5万円(1992年度から適用,2001年度の金額)の調整金を支給することを骨子とする制度である。なお,徴収された納付金は,障害者雇用を促進するための各種の助成金等の資金になる。ただし,常時300人以下の労働者を雇用する事業主に対しては,当分の間,その経済的負担能力と納付金徴収のコストを考慮して,納付金徴収と調整金支給を行わないことになっている。また常用労働者300人以下の事業所で多くの障害者が雇用されていることを考慮して,常用労働者の3％あるいは5人のいずれか多い数の障害者雇用を達成している事業主に対しては,報奨金を当分のあいだ支給することになっている。

この納付金制度は,「すべての事業主は,障害者の雇用に関し,社会連帯の理念に基づき,障害者である労働者が有為な職業人として自立しようとする努力に対して協力する責務を有する」(「障害者雇用促進法」第2条の4)との規定の具体化であり,具体的には,障害者の雇用は事業主すべての社会連帯と共同責務ですすめられるべきであり,障害者を雇用した企業だけが障害者雇用に伴う経済的負担を負わないようにするためのものと説明されている。障害者雇用には作業環境の改修や特別な指導員(介助員や手話通訳者など)等の配置などの出費を伴うことが少なくないことを考え,障害者雇用を行う企業のみにそれを負担させるのでなく,すべての企業の社会連帯と共同責務の理念で負担しあうというのが納付金制度であるとされている。しかし,現実的には,納付金は「罰金」的な徴収金として理解されもすることから,それをいかに払拭できるかが課題である。その払拭のためには,少なくとも,暫定措置とされる300人以下の労働者が働く事業所に対する納付金不徴収は早期に解消されるべきであろう。また納付金は障害者雇用促進に寄与することが目的であるが障害者雇用が進むと納付金納入が減少するという矛盾する制度である。1996年の「障害者の雇用・就業に関する行政監察結果報告書」(総務庁)によれば,1993年度以降納付金会計は単年度ベースで赤字で,積立金の取り崩しで納付金制度が運用されているという。

なお,法定雇用率制度の実効性を強める措置として,「障害者雇用促進法」は第15条で,労働大臣が法定雇用率未達成の事業主に対して,障害者雇い入れ計画作成命令を発出し,必要があるときは勧告を出し不服従のときは企業名を公表することができるようになっている。しかし,雇用計画作成命令を発出

する対象が運用上限定されていて実効性の伴わないのが現実である。

　法定雇用率と納付金制度は，日本の障害者雇用促進施策の骨格をなしている制度であるが，企業が少しでも障害者を多く雇用するように促す施策にとどまり，職場定着や雇用継続に対する対策が弱いというのが従来からの関係者の批判であった。確かに，そうした批判は首肯できないことではない。これは，採用後の障害者問題は企業内問題であり企業間の経済負担の調整を意図する納付金制度になじまないという考えがあることによる。だが，「障害者雇用促進法」は，障害者解雇の届出義務（第80条），障害者雇用推進者（第78条の3）および障害者職業生活相談員（第79条）の選任を規定していることに留意する必要がある。また職場定着チームを組織することを啓発してもいる。しかし，入職時だけでなく，入職前訓練，継続雇用を含めた一貫性のある雇用対策と医療や福祉と連携した雇用対策は引き続き課題となっている。

　ところで，1980年代末，経済が長期不況に入る中で，知的障害者，精神障害者，重度身体障害者などの職業生活上の困難の大きい者の雇用問題が社会政策の課題として顕在化する過程で，納付金会計だけでなく一般会計からも障害者雇用と継続のために資金が投入されるようになったことは注目してよい。その一つは，身体障害者，知的障害者，精神障害者の雇用促進を図るために「特定求職者雇用開発助成金」（支給賃金の4分の1，中小企業は3分の1）であり，二つには，中途障害者の雇用継続に対する「中途障害者作業施設設置等助成金」と「重度障害者職場適応助成金」である。

(3) 障害者雇用の現状

　厚生労働省は障害者雇用の実態を調査し毎年度6月1日付で企業における実雇用率を発表している。近年における実雇用率等の変遷は表4-1に示したとおりである。表には示してないが，企業規模別の実雇用率は，常用労働者を多くかかえる大企業ほど実雇用率が低く，法定雇用率未達成企業の割合が大きい。それに対して，中小企業での実雇用率は，大企業での実雇用率に比して一貫して高いが，常用労働者300人規模以下の企業における実雇用率は1994年以来低下し，100人規模以下（常用労働者63人から99人）の企業における実雇用率は，1999〜2000年にかけて1.86％から1.67％へと急激な低下を示した。これは景気低迷による雇用環境の変化によるものである。

　厚生労働省が発表する実雇用率は，障害者の雇用が義務づけられている56人以上の企業での実雇用率であることに注意しなければならない。それは，障

4-1 事業所で働く

表 4-1 民間企業における実雇用率の推移 (各年度 6 月 1 日)　　(単位＝％)

年度	実雇用率			未達成企業の割合	知的障害養護学校		備考
		身体障害者	知的障害者		高等部就職率	第3次産業就職者	
1990 (H. 2)	1.32	1.24	0.08	47.8	40.7	16.8	重度身体障害者のみダブルカウント
1991 (H. 3)	1.32	1.24	0.09	48.2	40.0	18.5	
1992 (H. 4)	1.36	1.27	0.09	48.1	39.0	18.7	
1993 (H. 5)	1.41	1.29	0.12	48.6	38.9	19.7	重度身体障害者と重度知的障害者がダブルカウント，重度身体障害者および重度知的障害者の短時間労働者も雇用率算入
1994 (H. 6)	1.44	1.30	0.13	49.6	34.7	23.7	
1995 (H. 7)	1.45	1.31	0.14	49.4	33.4	26.8	
1996 (H. 8)	1.47	1.32	0.14	49.5	34.4	24.0	
1997 (H. 9)	1.47	1.32	0.15	49.8	32.0	26.5	
1998 (H.10)	1.48	1.32	0.16	49.9	30.8	27.3	
1999 (H.11)	1.49 (1.48)	1.32	0.17	55.3	28.8	31.8	←雇用率 1.8
2000 (H.12)	1.49	1.32	0.17	55.7			

1. （ ）内は制度改正前の前年度と同じ方法での数値。
2. 身体障害者および知的障害者には，雇用数の少ない短期労働者を割合に含まない。
3. 養護学校高等部就職率は，各年度 3 月時点での新卒者の就職率。
4. 2000 年度の民間企業以外の実雇用率は，特殊法人（法定雇用率 2.1 ％）で 2.08 ％（未達成企業の割合 31.5 ％），国および地方公共団体（法定雇用率 2.1 ％）で 2.35 ％，都道府県教育委員会（法定雇用率 2.0 ％）では 1.22 ％となっている。

害者，特に知的障害者の多数が雇用されている職場の多くは，法定雇用率の適用を受けない零細企業であることが少なくないという事実による。たとえば，旧労働省が 1998 年に行った全国の従業員 5 名以上の民間の事業所を対象とした抽出調査によれば，5～29 人規模の事業所で働く身体障害者は 34.9 ％で，知的障害者は 40.8 ％であった。

　ここで，障害種別に，障害者雇用の実態を概括する。身体障害者は，1996 年度の旧厚生省調査によると，稼働年齢 (18～64 歳) にある者は 124.6 万人で年々増加し高齢化してきている。1999 年度中に公共職業安定所に新規に求職した身体障害者は，約 7.6 万人であるが就職できた者は 2.6 万人であった。就職を希望しながら，その機会がない者は，2000 年 3 月末で約 12.6 万人にのぼっている。1998 (平成 10) 年の従業員 5 人以上の事業所を対象にした旧労働省調査 (以下「平成 10 年度労働省調査」と略記) によると，雇用されている身体障

害者は 39.6 万人と推測されている。この数値は，同一の 1993 年度調査と比して，雇用されている身体障害者数と雇用されている重度身体障害者数で増加している。また雇用されている身体障害者の 28.7 ％が転職経験をもつ。平均転職回数は 2.2 回であり，転職の主な理由は「個人的理由」で，その内容は「賃金・労働条件」(28.2 ％)，「職場の人間関係」(22.1 ％)，「仕事の内容」(19.7 ％)であった。そして，雇用された身体障害者の 30.0 ％が仕事を継続するにあたって「能力に応じた評価・昇進・昇格」「コミュニケーション手段や体制の整備」などの改善を求めていた。

　知的障害者は，1995 年の旧厚生省調査によると，18 歳以上の者は 19.53 万人で，そのうち 43.2 ％が重度・最重度知的障害者と認定されている。「平成 10 年度労働省調査」では，6.9 万人の知的障害者が就労し，そのうち重度知的障害者と認定されている者が 28.5 ％であった。同調査によると，雇用されている知的障害者の職場に対する要望は，「今の仕事を続けたい」(59.4 ％)，「職場で相談できる人がほしい」(15.4 ％)であった。知的障害者の雇用の場として，サービス業および卸売や小売業が職域として広がってきてはいるが単純作業等が多い事実に変化はない。また現に働いている知的障害者本人からの聞き取り調査を行った NHK 厚生文化事業団による調査によれば，回答者の 73 ％が従業員 63 人未満の事業所で働き，70 ％の者が「今の職場での仕事の継続を希望」しながら，離職経験者は 42 ％であった。職場で人との関係でいやな思いをしたことのある者も 39 ％いた。また回答者の 33 ％が月額給与「9～11 万円くらい」で，毎年昇給のある者は 46 ％であった。

　精神障害者については，1996 年旧厚生省患者調査及び厚生省報告によれば，その総数が，精神病院入院 34 万人，在宅 182 万人となっている。また，「精神保健及び精神障害者福祉に関する法律」に基づき 1995 年度に交付が開始された精神障害者保健福祉手帳所持者は 1997 年度末で 9.9 万人となっている。精神障害者の就労の実態については，全国精神障害者家族会連合会が 1992 年に 3,800 人を対象にして行った調査によれば，63 ％の人が仕事をもつものの，約 3 分の 2 が「作業所・授産所」での仕事であった。「平成 10 年度労働省調査」では，「精神分裂病，躁鬱病にかかっている者であって，症状が安定し，就労が可能な状態にある者で，その旨の医師の診断書があり，かつ本人がその旨を申し出た者」の就労は 5.1 万人であった。精神障害者の雇用の詳細は不明と理解してよいであろう。これは社会的偏見などがあって困難であることも一因であろう。

(4) 福祉工場と保護雇用

　障害者が「働く」というとき，まずもって，労働者が使用者に対して労務を提供することを約して報酬を受けるとする労働契約の下で一般事業所において「働く」一般雇用がある。加えて，自己の計画と責任において「働く」自営業，さらに福祉的な施策の中で「働く」福祉的就労の三つを区別することができる。障害者の雇用を考えたとき，こうした3種類の「働く」場だけを想定して「働く場」の確保策を考えるだけでは不十分である。それは，ほとんどの障害者が職業上のハンディキャップをかかえ競争を原理とする労働市場では通常の人たちと同一の競争条件に立ち得ないという事情があるからである。そうした事情を考慮して，諸外国，とくにヨーロッパ諸国では，保護雇用の制度を確立して，障害者の雇用促進を進めている。保護雇用とは，「雇用市場における通常の競争に耐えられない障害者のため，保護された状態の下で行われる訓練および雇用の施設」(ILO 第 99 号勧告，1966 年)である。

　ヨーロッパ諸国で開発されている保護雇用の類型は，次のようなものである。

① 保護工場(sheltered workshop)(特別な工場での雇用)
② 在宅雇用(home-bound employment)(保護工場の在宅雇用部門)
③ 企業内保護雇用(enclave)(一般企業内の生産工程を障害者が受け持つ方式)
④ 戸外作業プロジェクト(open-air employment)(公園など公共施設の維持管理を障害者が受け持つ方式)
⑤ 事務作業プロジェクト(archive work)(図書館などでの技術的事務を障害者が受け持つ方式)

　こうした保護雇用では，障害労働者は，イギリスやオランダでは最低賃金が保障され，フランスでは最低賃金を下回ったとき補完手当(compensation de garantie)が国から支給される。つまり，地方の自治体や民間が保護雇用を実現している。ヨーロッパ諸国では，国家責任の原則で法的な援護措置が講じられているのである。

　日本においては類似の保護雇用として身体障害者及び知的障害者福祉工場(1985 年に「設置運営要綱」により設置が開始され 1989 年の同要項の改正を受けて少しずつ増加してきている)が存在している。福祉工場は，福祉施設であるとともに労働関係法の適用を受ける事業所であり，労賃は原則的に従業員が自活できる額を最低とし能力に応じて支給されることとされている。援護施策は，工場設備に要する費用，入所者の健康管理，世話を行う日常生活などに充当する

事務委託費が国と地方公共団体から支給されている。だが，労働者の賃金補給などの措置は講じられていないため，最低賃金を保障できない福祉工場もあるのが現状である。そのため，日本の福祉工場を保護雇用の一環であるとする見解には批判がある。実際，福祉工場は保護雇用の場に類似する雇用の場であるものの，厳密な意味での保護雇用の制度は日本ではいまだ成立していないとする見方の方が正しいであろう。そして，ヨーロッパ諸国においては保護雇用の対象と考える障害者が，日本においては身体障害者や知的障害者および精神障害者の各授産施設等で福祉的就労に従事し，戸外および公共機関の清掃作業やパンやケーキなどの製造等に従事している。そうした障害者は福祉的就労者であるため，月額1～2万円程度の工賃が支払われているのが実態である。福祉的就労の場である授産施設等には，一度は就職したものの離職した障害者と，一定以上の生産性をもちながら雇用の場を確保できなかった障害者がかなり在所しているといわれる。平成11年の全国社会福祉協議会の調査では，授産施設利用者（約7.56万人）の40％が企業で働きたいと希望し，精神障害者においては60％が就労を希望していることを明らかにしている。それでいながら，一般雇用に転出できる障害者は全体の1％程度に過ぎないといわれる。

　障害者が，一般事業所で雇用されることは望ましいことではあるが，すべての障害者がそうした一般雇用になじむわけではない。それを考えるなら，一定の援護施策のもとでの雇用としての保護雇用が必要であることは間違いない。企業での一般雇用か福祉施設での福祉的就労かという二者択一的なかたちでしか「働く場」が用意できないのは，「働く」場の保障をめざす施策としては貧弱としか言えない。しかし，保護雇用の確立に向けた新しい胎動もある。たとえば，東京都足立区は「障害者の保護雇用事業」を立ち上げている。それは，足立区社会福祉協議会が区関連の清掃事業を受託し専門スタッフ付きで知的障害者を雇用し最低賃金をクリアーしている。また東京都世田谷区では，世田谷サービス公社(株)が公共施設内の受付，清掃，売店を，社会福祉協議会が喫茶を受託して最低賃金をクリアーした「保護的就労」を実現している。多様な形態の保護雇用の場が創設されることで，多様な障害者の「働く場」が確保されると言えよう。

(5) **地域での障害者の雇用・就労支援のネットワーク**

　障害者の雇用促進施策は，比較的軽度の身体障害者から出発し，重度といわれる人たちへと，その対象を拡大してきた。今日，身体障害者の雇用問題が解

決されたということではないが，障害者雇用促進施策のターゲットは全身性障害者，重度知的障害者や精神障害者であり，これら職業上の困難を多く抱えた重度障害者を福祉的就労でなく継続的な雇用につなげることが今日の職業リハビリテーションの課題といえる。

　知的障害者や精神障害者等を含む重度障害者は，単に，職域開発をして雇用の場を確保すれば足りるというものでなく，入職前に職業訓練が必要になるし，入職後は生活指導や余暇指導が，また職場での継続的なサポートを必要としている。さらには，健康上の問題などで離職したときには在宅者のままにしてしまわないで再挑戦できるシステムも必要になる。旧労働省の従来の障害者施策の重点は，企業での一般雇用に重点をおき，企業が障害者を少しでも雇用できるように法定雇用率・納付金制度を確立し助成金を支給してきた。また障害者の職場での適応を促す目的で職場適応訓練，障害者が職場で気軽に相談できる生活相談員制度などを整備してきた。しかし，重度障害者の雇用を促進するには，企業や職場の努力と支援だけでは限界があるであろう。実際，重度障害者の多くは，金銭処理に困難をもっていたり，余暇の過ごし方を知らなかったり，男女交際のマナーを心得なかったり等，職場だけでなく地域での生活においても支援を必要としているのである。特に，地域社会から切り離された特別な場で生活して一生涯を送るのでなく，サポートをうけながらも通常の多くの人たちと同じように地域で生き人々と交流しながら生活をエンジョイして生涯を終えることが，障害者福祉の目指す方向になってきていることを想起するなら，地域で障害者を支えながら職場でも障害者を支えるという総合的な施策へと雇用施策が拡大される必要があろう。そうした意味で，働く障害者の企業による支援から地域社会における「支援の社会化」へと進む時代になってきていると言える。

　旧労働省は，1994(平成6)年から，納付金制度による助成金を使用して，「職業生活における自立を図るために継続的な支援を必要とする障害者の職業の安定を図ることを目的」(「障害者雇用促進法」第9条の12)にした「障害者雇用支援センター」を各地で設置するよう促してきた。1997(平成7)年からは，指定要件を社会福祉法人に拡大し，自らは室内訓練を行うことなく既存の関係施設との連携を図る「あっせん型雇用支援センター」を開発している。そして，1999年度には，「障害者就業・生活支援の拠点作り試行事業」を実施する。この事業は，旧労働省と旧厚生省の合併による厚生労働省の誕生(2001年1月)を見通したものであり，厚生行政における地域生活支援と労働省における一般

雇用の促進という障害者施策での行政的分離を解消しようとする試みとして関係者から期待されているものである。同事業は，通勤療・授産施設・障害者能力開発施設の生活支援的機能と「あっせん型雇用支援センター」の雇用支援機能を一体化して，「障害者就業・生活支援センター」として，人口30万人程度の地域ごとに設置することで2002年度から本格実施に移行している。こうした動向は，障害者雇用を企業での支援から地域での支援へと進展させるものと言える。実際，旧労働省は「地域障害者雇用支援ネットワークの形成」を公表し，職業生活全体を支えるために地域社会の資源を有機的にネットワーク化することを提言している。

　厚生労働省を中心にした行政の動向とは別に，東京都からは，障害者就労支援システム検討委員会の答申「地域における障害者の就労支援システムの構築にむけて」(2000年1月)が発表されている。同答申は，「職業的重度」者といわれる「知的障害者や精神障害者などが，一般就労にチャレンジし，働きつづけられるために，また企業・事業所が安心して雇用できるよう，地域における障害者就労支援の拠点を核にした支援システムを計画的に整備する」ことを福祉局長宛に答申している。そこでは，事業所，障害者本人，家族による一般雇用に向けた阻害要因を取り除くために，三者に対する「就労面の支援」と「生活面の支援」を一体化する必要性が指摘され，「区市町村障害者就労支援事業（仮称）」を創設するとしている。「就労面の支援」では，職業相談，就職準備支援，職場開拓，現場実習支援，入職後の支援，職場定着支援，離職時の調整と離職後支援が，また「生活面の支援」では，就労に伴う本人の不安への相談・助言や家族関係の調整のほか，日常生活の支援，職業生活を継続するための支援，豊かな社会生活を築くための支援，将来設計や自己決定の支援が考えられている。そして，「区市町村就労支援事業」は，就労支援コーディネーターと生活支援コーディネーターがそれぞれ複数，常勤で配置され，地域の行政職員，利用者代表，福祉事業者，教育関係者，職業安定所職員，養護学校教師などの教育関係者等で構成するネットワークを構築して運営するとしている。こうした答申内容は，東京や神奈川での先駆的な事例(中野区の"ニコニコ事業団"，練馬区の"レインボーワーク"，世田谷区の"すきっぷ"など)に依拠してまとめられている。なお，東京都と厚生労働省の施策の方向は，同一方向を向きながらも，細部では異なることにも注目しておいてよい。東京都の施策は，厚生労働省の施策へのアンチを含んでいるのである。それは，一つに，厚生労働省の「試行」は実施主体を社会福祉法人に限定したものであるが，東京都案

は社会福祉法人に限定しないで事業団や市町村が実施主体として考えられている。また厚生労働省の施策の財政的な裏付けは納付金であるが，東京都案は，それが納付金制度の理念からの逸脱と理解し一般会計でまかなうべきと考えている。さらに東京都案は全国的展開でなく地域密着型での取り組みをなによりも重視していることである。

4-2　小規模作業所
(1)　はじめに

　　はじめてたけし君に出会ったのは，彼がまだ8歳の時。その彼が今や29歳の青年へと成長し，作業所へ通う日々を送っている。作業所を利用したかたちでの労働ではあっても，彼の仕事ぶりは立派な青年労働者であることを感じさせてくれる。

　　器用とはいえない指先が，太い縦糸の間へ交互に平たい横糸を走らせる。普段のにこやかな笑顔は消えて，編みかけのキッチンマットに真剣なまなざしを向けている。何が気に入らないのか，縦糸へ交互に織り込んでいく横糸を，途中まで織り込んでは何度も引き抜いてまたやり直している。平たい横糸がねじれてしまうのだ。そのことが気になる彼は，よじれなく横糸が通るまで何度もやり直しているのである。

　　生産性や効率性だけを基準にすると，彼の労働は評価の対象とはならないであろう。よじれなく糸を織り込んでいったとしても，一本の糸を通すまでに何分もかかっている。しかしそんなことにはかかわりなく，彼は淡々とマットを織り上げていく。自分の仕事へのこだわりが，彼の顔をおとなびてみせている。休むことなく毎日作業所に通って働いても彼の給料は月額6千円ほどであり，彼の1か月の生活を維持していくための金額には到底なりえていない。それにもかかわらず彼は働くこと，作業所に通うことが楽しいと言う。

　　彼の労働は私たちに様々な問題を提起してくる。働くということはどういうことなのか，働くことの価値をどこに見出していけばよいのか，ということをである。作業所での取り組みは，障害者が賃金を得て，経済的な自立を見通すためだけのものとして終始するのではなく，働くことは人間的な成長と発達を獲得するための源泉であるという認識に立ち，働くことにこだわり，働くことを支えてきたのである。

　　この章では障害者の労働を権利として位置づけ，それを支えてきた作業所の歴史的経緯について紹介し，障害者が働くことの意味と意義について検討す

る。また，社会福祉基礎構造改革の下での作業所の制度的位置づけに関して課題を整理する。

(2) 小規模作業所の登場と展開
a．小規模作業所とは何か
小規模作業所に集う仲間たち

　小規模作業所には多様な障害をもつ仲間が集う。ダウン症や自閉症，点頭てんかん，水頭症など知的障害のある者だけでなく脳性まひや筋ジストロフィー症，脊椎損傷，脳血管障害，視覚障害等の身体障害者，そしてまた精神障害者など一つの作業所の中だけでも多種多様である。障害の程度も軽度の者から重度の者まで多様であるが，援助が大変であるという理由で認可施設があまり受け入れたがらない障害の重い者を積極的に受け入れている。年齢層も中学を卒業したばかりの青年期障害者から中には50歳代，60歳代の成人期障害者まで幅広い。そこに通うことを希望すれば，多少の無理を押してでも，援助を必要とする障害者を受け入れてきた場所が小規模作業所である。

　ここでいう"仲間"とは障害者の"障害"に着目しすぎるあまり，障害をもつ"人"としての存在を軽視して特別扱いをしてきたことに疑問を持ち，さらに指導する側される側という立場性を超えて，障害者も職員も共に作業所を創り発展させていく仲間として認識を深めていくなかで表現されるようになった言葉である。

小規模作業所の日課と仕事

　作業所のごく一般的な一日は次のようなものである。

　職員の運転する送迎車でやって来る者，歩いて来る者，電車やバスなどを乗り継いで来る者，自転車で来る者など様々な方法でみんなが作業所に集う朝の光景。

　午前9時から日課が始まり，体操や散歩をして身体をほぐした後，朝の会が始まる。その日一日の予定が確認され，仕事の生産目標や一人ひとりの仕事の役割分担などを確認しあう。それぞれの役割に沿って午前中の仕事が始まる。仕事の内容は作業所ごとに実にさまざまで，商品の箱詰めや組み立て，プラスティック製品のばり取り，工業部品の組み立て，衣服・寝具の縫製など企業の下請け仕事から，石けん作りや農産物の加工，パン・お菓子作り，縫製品など自主製品の製作・販売，あるいは農業・畜産など形にとらわれず，仲間の障害に配慮しながら地域性や独自性を生かした仕事を展開している。途中で休憩の

時間をはさんで昼休みまで仕事が続く。障害に配慮して他の仲間より少し長めに休憩の時間をとり職員と散歩に出かける者もいる。午後1時から仕事が再開され，途中午後の休憩をはさんで3時から4時ごろまで仕事が続けられる。「仕事やめ」の言葉や合図でみんなほっと一息つく。後片付けが終わると仲間の司会で一日の反省会が開かれ，明日の目標が確認される。帰途は出勤時と同じ手段・ルートで帰っていく。職員は仲間たちを送った後も作業所にもどって，職員会議を開き仲間への援助のあり方，作業や製品の納期の確認，明日の仕事の段取りなどについて遅くまで話し合いと準備が行われる。

小規模作業所では，労働そのものが自立と発達のための援助の一形態であるという認識の下で取り組まれているのである。

福祉的就労形態としての小規模作業所

障害者の就労には①一般企業で働く（一般就労），②社会福祉施設で働く（福祉的就労），③個人で経営して働く（自営，生業）などの形態がある。小規模作業所で働くことは福祉的就労である。

福祉的就労は一般企業への就労が困難な障害者が，働くことを中心的課題とした法定の社会福祉施設や法定外の小規模作業所などを利用することによって，労働能力や労働意欲を形成し，自立をめざして取り組む就労形態である。福祉的就労が一般企業と異なる重要な点を，単に働く場や賃金の額の違いとして理解してはならない。つまり生産性や効率性を最重要視するのではなく，障害に配慮をした発達と労働・生活の援助を最優先課題として追求しようとする立場の違いとして理解することが重要である。

福祉的就労の具体的な場としては法定の社会福祉施設として，身体障害者福祉法による「身体障害者授産施設」「身体障害者通所授産施設」「重度身体障害者授産施設」「身体障害者福祉工場」，知的障害者福祉法による「知的障害者授産施設」「知的障害者通所授産施設」，厚生事務次官通知による「知的障害者福祉工場」，精神保健及び精神障害者福祉に関する法律による「精神障害者通所授産施設」「精神障害者福祉工場」などがある。そのほか生活保護法による授産施設や，社会福祉事業法による授産施設が利用される場合もある。

小規模作業所の場合はこれまで法定外の福祉的就労の場として位置づいてきた。後述するように社会福祉基礎構造改革の一環として，現在は小規模作業所を対象とした「小規模通所授産施設」が身体障害，知的障害，精神障害の種別に法定化されている。これによって社会福祉法人格を取得し，「小規模通所授産施設」となる小規模作業所もでてきた。いずれにしても社会福祉施設を利用

して働く形態は福祉的就労である。

b. 作業所づくり運動と共同作業所全国連絡会（きょうされん）
小規模作業所が生み出された社会的背景と施設認可の問題

　日本は戦後一貫して生活（入所）施設中心の施策がとられてきたが，それゆえに障害者運動は障害者の地域で暮らしたいという願いを受け止めつつ，地域生活の拠点づくりを志向してきた。これが1979年の養護学校の義務化以降，障害児の学校卒業後の就労保障が大きな課題となったことと重なり，進学もできず就職先もない障害児を積極的に受け入れる場が全国的に求められてきたのである。

　しかし，法定の社会福祉施設は入所型，通所型ともに設置数が少なく，障害者の地域生活や就労への要求を受けとめるには大きな限界があった。しかも法定の社会福祉施設として所轄庁から認可を得るためには，法令に基づく施設の設備および運営に関する基準を満たしていることが必要とされている。特に社会福祉法人の設立に関しては土地や運転資金を備えていることが求められており，土地・建物を持たない場合は資産金額が1億円ほど必要となる。利用者も身体障害，知的障害，精神障害のいずれかの障害種別で20人以上いることが前提であり，認可を受けるために必要となる基準が高すぎるという問題が横たわってきた。法的枠組みに満たない"小規模"な作業所が生み出されてきたゆえんである。

　また，認可施設となることは国や地方自治体から施設の運営全般に関する費用（措置費）を得られることになるが，そのことによる国・自治体からの指導・助言の名の下での施設運営への影響や民主的運動への切り崩しを心配し，無認可のままでの運営を続ける動きも見られる。

　障害者施策をめぐるこうした情勢の中で，1980年代以降必然的に小規模作業所が激増することとなったが，いずれにしても小規模作業所は，障害者が働きつつ地域生活を展開する上での重要な拠点となることを目指して，障害者のねがいを要求運動として組織してきたのである。その結果，2002年には6,000か所を超える小規模作業所がつくられ80,000人を超える障害者が利用するまでになった。法人認可されている通所型の授産施設は身体障害者通所授産施設252か所・利用者数6,361人，知的障害者通所授産施設890か所・利用者数33,420人，精神障害者通所授産施設168か所・利用者数3,992人（2000年10月現在，厚生労働省調べ）となっており，法定外の施設が法定の授産施設の設置数，利用者数を大きく上回る逆転現象が生じたのである。

4-2 小規模作業所

共同作業所全国連絡会の結成

1977年，全国障害者問題研究会第11回全国大会において，障害者の権利の発展と作業所の基盤確立を求めて全国的な組織づくりに着手した。共同作業所全国連絡会(2001年より略称の「きょうされん」を正式の団体名とする)の結成である。

共同作業所全国連絡会が結成された意義は大きかった。それまでの障害者に関する国家的施策は，成人の場合，就労可能なものは社会的自立，その他の者は在宅か施設収容にほぼ限定されてそれ以外は無策の状態が続いていた。時代的にもオイルショック以降の不況の中で，障害者雇用対策の立ち遅れと，福祉見直し政策が打ち出されていたのである。

共同作業所全国連絡会の結成は，それまで光があてられてこなかった青年期および成人期障害者の存在に社会的な関心を呼び起こし，政策的な提言を行う要求運動の拠点をつくったのである。これ以降，作業所が全国的に抱える問題や，小規模作業所の経営的困難性に着目した補助金問題，法定化などを要求運動の課題に据えたのである。これによって，働く場を中心とした青年期以降の障害者施策の発展に一石を投じていくこととなった。

(3) 小規模作業所の意義と役割
　a．発達と労働の保障をめざして
社会福祉援助の場としての小規模作業所

作業所は障害者の働きたいという要求を受けとめ，働くことを保障する場であるが，同時に働くことを通して社会福祉援助を行うことが追求される場でもある。作業所が急増してきた要因には障害者の働く場があまりにも少ないということだけではなく，障害者を社会的に保護し，その生活を援助する機能を果たしてきたからである。つまり作業所における援助は働くことを通して生活を整え，将来を見通し，障害から起因する生活問題の解決・緩和に取り組んできたともいえよう。

働くことと青年・成人期障害者の発達

定職に就かない青年層が増えている現在，障害者の「働きたい」というねがいは奇異に思われるであろうか。確かに働いても働いても生活は良くならず，労働そのものから人間が疎外されている現実ゆえに，働くことを通して人間発達の道すじを展望していくといった見方ができにくくなっていることも事実である。働くことを通して障害の軽減・克服すら可能であるという見方はなおの

ことであろう。しかし作業所では，障害があろうとも働くなかで地域の人々や社会とつながり，自らが光り輝いていくという実践的成果を生み出してきた。働くということは五感を精一杯に使って素材を加工し，計画的に何かをつくり出すことである。そのことは同時に，働くための技術や知識を身に着け，目的意識を育てるということでもあり，作業所の仲間集団の中で意思を通わせながら働くことによって「働くなかでたくましく」変化していく姿を実証してきたのである。

労働参加を保障する道具——治具・治工具の開発

治具・治工具とは労働過程の中に参加しやすくなるように改良が加えられたり，新たに開発された道具・工具の総称である。もともとは製品の均質化を目的として，熟練を必要とする精緻な工作作業をより正確かつ単純にするためのものとして開発された歴史的経緯がある。熟練工に限られていた高度な労働技術に道具を介在させ，加工物の特性や様態にあわせて道具・工具を改良・開発するのである。若年労働力のような不熟練工でも簡単に作業工程に参加できるため，比較的簡単に生産性を高めることが可能となっている。それが作業所の実践の中において障害者の労働参加を促進する目的で応用され，障害の形態や特性にあわせた道具・工具が開発されるようになったのである。小規模作業所や授産施設など就労の場だけではなく，養護学校など障害児教育現場での労働の取り組みの中においても多種多様な治具・治工具が考案されている。

それを使用することによって障害者の労働場面への参加がよりスムースに保障されてきたことは，仲間への発達的意義だけでなく作業所の援助の枠組みにも大きな影響を与えてきたといえよう。

b. 地域生活の保障をめざして

「"親なきあと"の保障」というスローガン

欧米では成人に達するまでは親が養育し，成人以降は国と自治体が中心となって社会的に障害者を支えていくシステムが成立しているにもかかわらず，日本の福祉施策は民法877条の扶養義務規定を楯にして家族の支え合いを強いてきた。その結果多くの在宅障害者を生み出し，家族の扶養に期待できないところを生活施設の入所で対応してきたのである。このような状況がいつまで続くのか見通せない現実が，「せめて親が他界した後は安心して暮らせる生活の場の保障を」というねがいと共に要求運動のスローガンとなったのである。

親宅から作業所に通う障害者の場合は，親が高齢化する中で生活の支えをいつまでも当てにすることはできず，地域で自立生活を送るための生活の拠点が

必要となってきた。しかも働くことを保障するためには，安定した生活とそのための住まいがなくてはならない。自立のための生活の場づくりは，小規模作業所にとっても大きな課題となっている。

グループホーム

生活の場の確保は障害者にとっての主要な課題のひとつであり，しかも住み慣れた地域の中で援助を受けつつプライバシーを尊重される居住空間が求められてきた。制度的には精神障害者，知的障害者，身体障害者の各福祉ホームは施設体系の中に位置づき，知的障害者のグループホーム(知的障害者地域生活援助事業として1989年に知的障害者福祉法に位置づく)や，精神障害者のグループホーム(精神障害者地域生活援助事業として1992年に精神保健及び精神障害者福祉に関する法律に位置づく)は地域福祉施策の体系として居宅の色合いを強くもって登場した。しかし設置要件は法定のバックアップ施設を求めており，世話人の援助を受けつつも障害者自らが同居者との協力関係の中で主体的に生活を創造できるような制度的基盤の強化が必要となっている。

c. 障害種別の弊害を越えて

授産施設相互利用制度は小規模作業所の運動が生み出した

小規模作業所は働く場を求める障害者や行き場のない障害者を，障害種別や障害程度にこだわることなく積極的に受け入れてきた。障害種別や障害程度が多様になれば，障害に起因する労働課題も多くなる。しかし，多様な障害をもつ仲間たち自身が仕事の中で互いの障害を補い合い理解しあうことによって課題を克服し，仕事を円滑に進めるという積極性を生み出してきたのである。そのことが結果として小規模作業所の実践を豊かにしてきたといえる。

授産施設相互利用制度は身障，知的，精神の各障害者福祉法に位置づく授産施設が障害の種別を越えて，各々の障害者福祉法に基づく通所授産施設を相互に利用できる制度の総称である。障害者福祉に関する法律は障害種別につくられており，障害者は該当する障害種別の法律に限って施設利用ができることとされてきたため，法に該当しない障害者が，その障害者福祉法に規定される法定の施設を利用することは原則的に禁じられてきた。これが1993年4月から身体障害者と知的障害者，1999年4月から知的障害者と精神障害者，2000年4月から身体障害者と精神障害者の各通所授産施設において相互利用を実施することが認められてきた。「一定の割合で」という制約はあるものの，3障害の種別を越えて相互利用が可能となったのである。これは画期的なことであった。この制度の趣旨は「自立の促進や働く場の確保，施設の効果的運用を目的」

とするものであるが，共同作業所全国連絡会の要求運動によって，小規模作業所での実践的成果を追認したのである。

縦割りの法制度が，障害者を障害種別によってしか受けとめない弊害として実践の枠組みを狭め，矛盾を拡大しているという点を突いたのである。

(4) 小規模作業所の政策的位置と課題
a．小規模作業所の二面性と運動の積極性
小規模作業所がもつ二面性

小規模作業所は，その登場以来，長年にわたって政策的に放置されてきたといえよう。先にも述べたように養護学校の義務化以降，学校卒業後の障害児の進路保障を求めてきたが，一般就労は「障害者の雇用の促進等に関する法律」の何度かの改正にもかかわらず，抜本的な改善策がとられないために思うように進まない。法定の通所授産施設の設置も，国の予算措置が不十分で数量的に制限されるなか，障害者，家族，関係者が地域住民の協力を得て，まさに手づくりでつくりあげてきたのが小規模作業所である。小規模作業所に対する国家的施策が未成熟ななかで，これが増えれば増えるほど体制の補完的な装置として機能することにもなる。一般企業をリストラされた障害者の受け皿や，数少ない法定の授産施設の代替として機能するからである。作業所での障害者を受けとめる取り組みが，結果的に安上がりの政策を支えてしまうという結果を生み出してしまうのである。

運動の積極性

しかし共同作業所全国連絡会は，小規模作業所の存在を法定化する方向で公的に認めるように働きかけ，政策的に放置してきた国の姿勢を正してきた。次節で詳しく述べるが，小規模作業所が法定施設として認められるように訴え，現実的に法定化を勝ち取り，障害者の働く権利を前進させたのである。その際も国は安上がりの基準を設定したため，法定化に際しては様々な課題を抱えているが，共同作業所全国連絡会は安上がりの基準を許さない運動を展開している。

b．社会福祉基礎構造改革と小規模作業所の法定化
社会福祉基礎構造改革下での「小規模通所授産施設」の新設

長年，共同作業所全国連絡会が国へ要求事項として掲げてきた小規模作業所の法定化は「小規模通所授産施設」として社会福祉基礎構造改革の中で認められた。この改革は支援費制度という名称で具体化された。福祉サービスの利用

の際に障害者・当事者と施設・事業者との間に契約を結ばせ，その当事者間に福祉サービスの利用と提供に関する責任を持たせ，憲法25条に基づく社会福祉に関する国家責任の縮小・解体をねらったものである。改革に反対する障害者運動を牽制する動きの中，譲歩の手段として小規模作業所の法定化を認めたと考えることもできる。

小規模通所授産施設の認可要件と施設基準

「小規模通所授産施設」は支援費制度の対象施設とはならなかったため，施設利用の際の利用者と施設との間での契約行為や契約期間を設定する必要はない。小規模作業所が「小規模通所授産施設」の設立を目的にして社会福祉法人格を取得するためには，次のような要件を満たさなければならない。①利用者が10人以上であること。②土地・建物など不動産を自己所有しているか，地方公共団体から貸与されていること。③②の要件を満たしていない場合は現金など1千万円相当の資産を保有していること。④5年（NPO法人の場合は3年）以上の経営実績があること。⑤事業の実施範囲が同一都道府県内のみであること。

施設基準については①作業室，②洗面所，③便所，④食堂，⑤静養室が必置義務となっているが，食堂は作業室か静養室との兼用が可能であり，部屋の面積や不燃材の使用の有無，事務室・相談室・更衣室・調理室の設置は不問となっている。施設基準が低いということは法人格を取得しやすいということであると同時に，施設処遇や利用に際して不十分さを残してもいるということである。「小規模通所授産施設」が安上がりの施設にならないためには国庫補助金の大幅な増額と，豊かな実践を創造する自らの取り組みが求められている。

c．小規模作業所の課題

小規模作業所を支える補助金制度と自治体間格差

小規模作業所を運営するための費用は仕事で得られる工賃，バザーや物品販売などの収益，寄付金，各種民間財団や国・自治体からの補助金などでまかなわれている。アパートの一室を借りたり，プレハブ小屋を利用したりして仕事を細々と続けているような現状の中，施設を運営していくための慢性的な資金不足にいつも悩んでいるため，国・自治体からの継続的な補助金収入は非常に重要な位置を占めている。

法定外の小規模作業所に対する国庫補助事業として「精神薄弱者通所援護事業」(1977年)，「在宅重度障害者通所援護事業」(1987年)および「精神障害者小規模作業所運営助成事業」(1987年)が実施されてきた。これら事業の対象と

なっている小規模作業所は2,785か所と少ない（2001年度）。また、1988年までにはすべての都道府県および政令指定都市において小規模作業所に対する補助金制度がつくられてきた。これが一因ともなって小規模作業所が急増した。しかし補助金額の自治体間格差は非常に大きく、格差を埋めるための公平な国庫補助が必要となっている。

仕事の確保と仲間の給料

仕事の確保は財政基盤の弱い小規模作業所にとっての死活問題である。小規模作業所が多様な仕事に取り組んでいることは先述したが、不況が長期化する中、企業からの下請け仕事がアジアを中心とした開発途上国に流れ出し、仕事の確保が困難になってきている実態がある。仕事がなくなり作業時間が短くなると仲間の様子も不安定になりがちであるが、給料の額にも直接的に響いてくることとなる。仲間の月給は平均的には8,000円程度である。作業所での自助努力にもおのずと限界があり、国や自治体からの仕事を受託できるようなシステムも必要である。庁舎や公共施設の清掃作業を請け負って安定した収入を得ている小規模作業所もあり、仕事の内容を吟味しながら自治体の理解を得ていくこともさらに求められている。

職員の確保と労働条件の充実

専従職員の確保は、生活できる給与や安定した労働条件の設定なしには見通せない。経営基盤の弱さから給料もなかなかつくれないために職員を採用することも難しく、親たちや定年退職した教員、ボランティアなど地域の人々の力を借りてようやく指導・援助体制が成り立っている所も多いのである。仲間の障害の重度化・多様化の傾向が強まる中、より専門性のある援助が求められていることもあり、可能なことから労働条件の充実を図っていくことも必要となっている。

研究課題
1. 障害者職業センターに行き、その仕事を聴取して整理しなさい。
2. 近辺の小規模作業所に出向いて設立の趣旨や経営・運営および実践上の課題についてヒアリングし、まとめなさい。
3. 複数の都道府県や市町村のホームページを検索し、小規模作業所に対する補助金制度を調べ、その有無も含めて自治体間格差について検討しなさい。

引用・参考文献

NHK厚生文化事業団　1996　「知的発達に障害のある人たちの職業と生活に関する調査報告書」
共同作業所全国連絡会編　1979　『働くなかでたくましく』全障研出版部
共同作業所全国連絡会編　1987　『ひろがれ共同作業所』ぶどう社
共同作業所全国連絡会編　1997　『みんなの共同作業所』ぶどう社
全国社会福祉協議会・全国社会就労センター協議会　2000　「はたらく・くらす─社会就労センターからの提言─」
ゼンコロ（社団法人）　1980　「保護雇用制度創設への提言」
ゼンコロ（社団法人）　1993　「EC諸国における障害者の保護的就労」
全日本手をつなぐ育成会（社会福祉法人）　2000　「知的障害のある人たちの就労支援について〈政策提言〉」
総務省行政監査局　1996　「障害者の雇用・就労に関する行政監察結果報告書」
手塚直樹　2000　『日本の障害者雇用』光生館
東京都福祉局障害福祉部　2000　「地域における障害者の就労支援システムの構築にむけて」
日本障害者雇用促進協会編　2000　『障害者雇用ガイドブック　平成12年版』
日本知的障害福祉連盟　2000　『発達障害白書　2001年版』
秦安雄他編　1975　『ゆたか作業所』ミネルヴァ書房
労働省職業安定局高齢・障害者対策部他　1999　「地域障害者雇用支援ネットワーク研究会報告書」
労働省職業安定局高齢・障害者対策部他　2000　「身体障害者及び知的障害者の現状」
労働省職業安定局高齢・障害者対策部他　2000　「障害者の雇用促進のために─事業主と障害者のための雇用ガイド　平成12年版」
労働省職業安定局高齢・障害者対策部他　2000　「障害者雇用実態調査　平成10年版」

■ジョブコーチ

　2002年4月の第154回通常国会で障害者雇用促進法が改正された。同改正の要点は，①特例子会社を保有する企業が，その他の子会社を含めて障害者雇用を促進するとき，その他の子会社を含めて企業グループで実雇用率を計算することが可能になったこと，②法定雇用率を算出するとき，障害者の就業が困難であると認められる職種の労働者数を業種ごとに設定された除外率にしたがい控除する制度を見直して，除外率を段階的に縮小すること，の2点であるが，同改正とともに，障害者就業・生活支援センター事業と職場適応援助者（ジョブコーチ）事業の創設も行われた。障害者就業・生活支援センターは，障害者に対して，身近な地域で就業面・生活面の支援を一体的に行うというものであり，同センターとして指定された社会福祉法人，NPO法人などが福祉，教育等の関係機関と連携しながら障害者の就業と生活を切り離さないで指導・助言，職業準備の斡旋など必要な支援を行うというものであり，ジョブコーチの制度は職場定着のために支援を必要とする障害者に対して就職前後にジョブコーチを配置しようとするものである。

　ところで，ジョブコーチの制度は，アメリカでサポート付き雇用（援護付き雇用： supported employment）が1986年に法的に位置づけられたときに，それを支える制度として導入されたものである。アメリカだけでなく日本においても，障害者の職場開拓と定着指導は，従来から，職業訓練を行ったあと就職の準備性が確立したとき職場開拓して入職させるという流れで進められてきた。そうした方式に対して，それでは準備性がなかなか確立しないまま時間が経過し，障害者の就職がすすまないという批判が起きる。その批判にこたえるかたちで登場したのがサポート付き雇用である。その方式は，まず入職させて就職した職場で職業訓練を行い定着させるというものである。これにより，職業訓練が実際的で障害者雇用が進むとともに定着が容易になったといわれる。障害者がサポートをうけながら職場で仕事と訓練を両立させるときに，サポーターとなるのがジョブコーチといわれる人である。

　アメリカで開発されたサポート付き雇用は諸外国でも注目され，同様の方式を採用する国が増えている。日本においても，サポート付き雇用を参考にして「職域開発援助事業」が発足した。1992年から，地域障害者職業センターで，「職域開発援助事業」では，職場適応に課題をもつ知的障害者や精神障害者（福祉施設や小規模作業所で働き一般就職を希望する者を含む）を対象として民間事業所を活用し労働習慣を含む職業能力全般を向上させて雇用に結びつけようとするもので，地域障害者職業センターから指導員が民間事業所に出向いて指導にあたる。2002年の法改正で創設されたジョブコーチによる支援事業は，「職域開発援助事業」の発展である。2002年度から，地域障害者職業センターでは，求職障害者ごとに支援計画を作成し，その支援計画に基づき，センター職員である配置型ジョブコーチあるいは社会福祉法人などの関係協力機関の職員である協力機関型ジョブコーチが事業所に出向いて本人と事業主等に必要な

支援を行っている。その支援期間は，概ね2~4か月と考えられ，集中支援期と移行支援期を経て，最終的には事業主主体の支援体制を整備して支援を終了するようになっている。

◆ジョブコーチによる支援スキーム

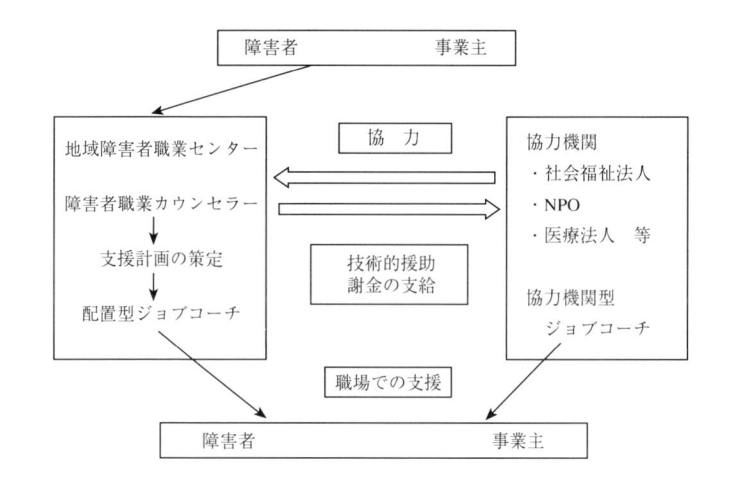

```
                    ┌──────────┬──────────┐
                    │  障害者   │  事業主   │
                    └──────────┴──────────┘
                          │
                          ▼
┌──────────────────┐   ┌─────────┐   ┌──────────────────┐
│ 地域障害者職業センター │   │  協 力  │   │ 協力機関          │
│                  │ ◄──────────── │ ・社会福祉法人    │
│ 障害者職業カウンセラー │   ────────────►│ ・NPO             │
│                  │   └─────────┘   │ ・医療法人  等    │
│ 支援計画の策定    │   ┌─────────┐   │                  │
│                  │   │ 技術的援助 │   │ 協力機関型        │
│ 配置型ジョブコーチ  │   │ 謝金の支給 │   │ ジョブコーチ      │
└──────────────────┘   └─────────┘   └──────────────────┘
          │             職場での支援           │
          ▼                                 ▼
        ┌──────────┬──────────┐
        │  障害者   │  事業主   │
        └──────────┴──────────┘
```

5
バリア・フリー

5-1 はじめに

「バリアフリー」や「バリアフリーデザイン」という言葉は，いまや日常的に使われる。それは，バリアフリーが時代のキーワードだからである。本章では，第1に「バリア・フリー現象」や「バリア・フリーの意味」を説明する。第2に，バリア・フリーと障害者福祉との関連，特に社会参加との関連について内外の歴史にも触れながら述べる。第3に，建築関係のハートビル法や交通バリアフリー法などハード面でのバリア・フリー施策を紹介する。第4は，まとめもかねて「バリア・フリーの思想」について語る。

こうした「バリア・フリー学」を知れば，障害者福祉学がさらに豊かになるし，教育実践も可能性に満ちたものになるだろう。

なお，バリアフリーは通常は「障壁のない」という意味で使用されるが，「バリア・フリー」「バリア・フリー・デザイン」は筆者の造語であり，「あらゆるバリアをデザインの力で無くす(解決する)」という意味であり，詳しくは後述する。

5-2 バリア・フリーとはなんだろう？
(1) バリア・フリー現象

バリアフリーはいまや日常的になった。このことを筆者は「バリア・フリー現象」と呼んでいる。たとえば，ベストセラーとなった乙武洋匡著『五体不満足』も，木村拓哉と常盤貴子主演のテレビドラマ『ビューティフルライフ』(東芝日曜劇場，2000年1月から3月)もバリアフリーがテーマだった。あるいは，『「バリアフリー」って，なんだろう？』(全6巻，学習研究社，2000年)など，バリアフリーを掲げた子ども向けのシリーズも数多い。福祉機器展のテーマも「バリアフリー」が多いし，バリアフリーをテーマにした専門雑誌もすでにある(現在は休刊中)。しかも，「交通バリアフリー法」が2000年11月から施行

5章 バリア・フリー

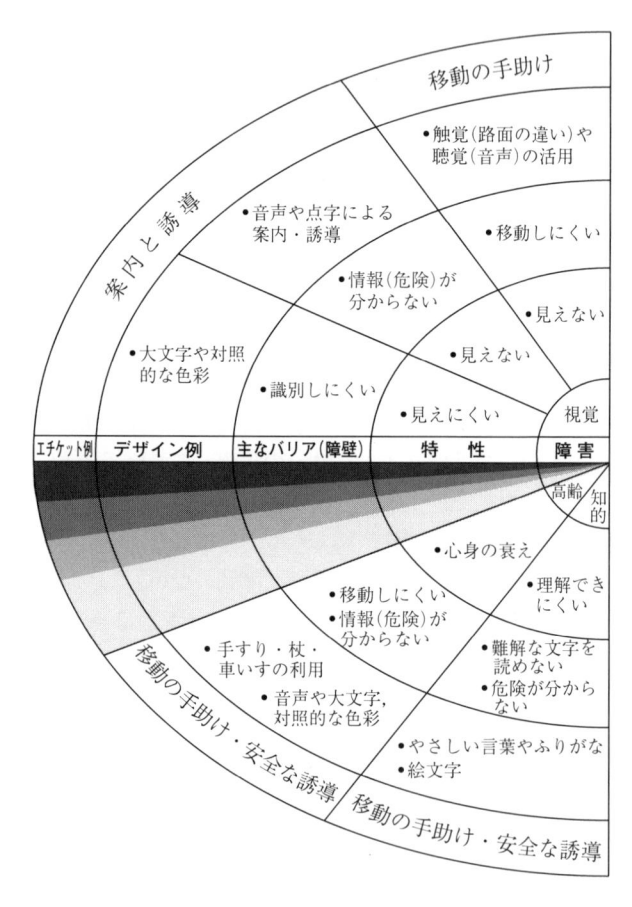

図5-1 バリア・フリーのイメージと心得

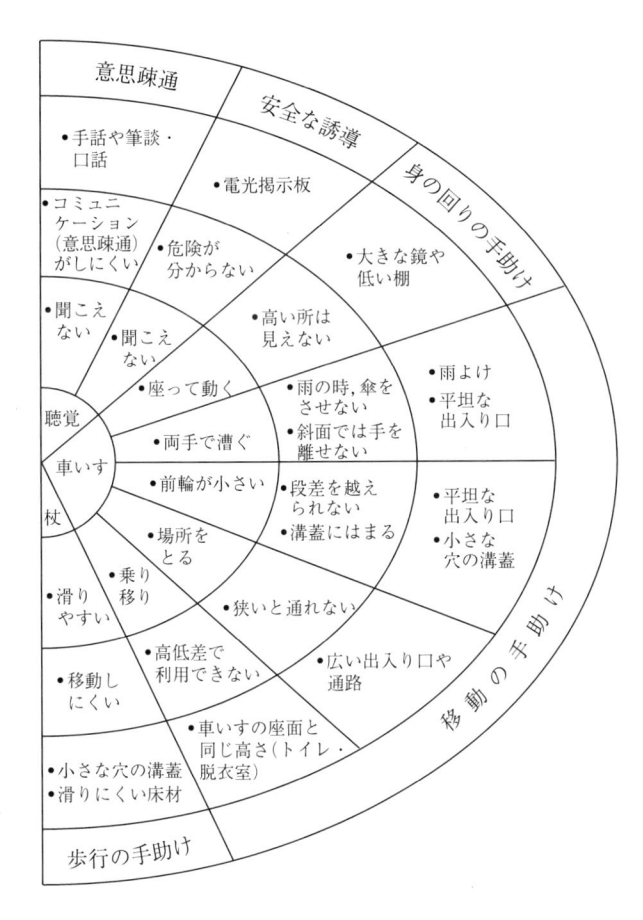

5-2 バリア・フリーとはなんだろう？　　　　　　　　　　　　　　　　95

扇形の図（外周から内周に向かって領域分け）：

外周ラベル（時計回り）：意思疎通／安全な誘導／身の回りの手助け／移動の手助け／歩行の手助け

内側ラベル（中心付近、上から）：聴覚／車いす／杖

各セクションの項目：

【意思疎通】
- 手話や筆談・口話
- コミュニケーション（意思疎通）がしにくい
- 聞こえない

【安全な誘導】
- 電光掲示板
- 危険が分からない
- 高い所は見えない
- 雨の時、傘をさせない
- 斜面では手を離せない

【身の回りの手助け】
- 大きな鏡や低い棚
- 雨よけ
- 平坦な出入り口

【移動の手助け】
- 聞こえない
- 座って動く
- 両手で漕ぐ
- 前輪が小さい
- 段差を越えられない
- 溝蓋にはまる
- 場所をとる
- 狭いと通れない
- 平坦な出入り口
- 小さな穴の溝蓋
- 広い出入り口や通路
- 車いすの座面と同じ高さ（トイレ・脱衣室）

【歩行の手助け】
- 乗り移り
- 滑りやすい
- 移動しにくい
- 高低差で利用できない
- 小さな穴の溝蓋
- 滑りにくい床材

（『Let's Barrier-Free—福祉のまちづくりの心得—』長崎バリア・フリー研究会編著，長崎県福祉保健部社会福祉課発行，2000年より）

された。こうした「バリア・フリー現象」は，いまでもとどまることがない。

(2) バリア・フリーの意味

長崎県では「福祉のまちづくり学校～バリア・フリーってなんだろう？」という子ども向け（小学校高学年と中学生）の講演会を1999年度から3年間開催した。筆者は長崎県福祉のまちづくり推進協議会会長であり，自称「バリア・フリー学博士」として次のように講演する。

「バリア」「バリケード」「バーベキュー」という三つの言葉に共通するものは何だろう？　あなたも考えてみるといい。なかにはすなおに「バ」と回答する人もいるだろうが，英語にするとよくわかる。barrier, barricade, barbecueであり，すべて「bar」を含んでいる。辞書を引けば，barは「一本の棒」の意味だが，「障害物」の意味もある。たとえば「一本の棒」が歩道にあれば，乳母車や車いす使用者や「健常者」らの通行を妨害する。「バリア」となれば障壁となり，市街戦の「バリケード」となれば巨大な障害物になる。

しかし，「バーベキュー」はどうなるのか。「一本の棒」に魚や肉や野菜を突き刺して直火であぶり焼きにすれば，おいしく食べられる。つまり「一本の棒」が便利棒となり，私たちの役に立つ。足腰が弱れば「杖」になり，盲人の「白杖」にもなる。さらに住宅内事故が多発する階段に付ければ「手すり」という安全棒にもなる。

つまり，「バリア・フリー」とは，この「一本の棒」のように，私たちの社会や生活にある「バリア（障壁）」をなくすことであり，さらに作らないこと，そして私たち，とくに障害者・高齢者らの生活と人生を豊かに楽しく美しくすることといえよう。なお，この説明は，先の『「バリアフリー」って，なんだろう？』の第1巻に掲載されている。

5-3　バリア・フリーと障害者の社会参加

(1) 障害者の社会参加は権利である

「障害者基本法」第3条の「基本的理念」では，「すべて障害者は，個人の尊厳が重んぜられ，その尊厳にふさわしい処遇を保障される権利を有するものとする」「すべて障害者は，社会を構成する一員として社会，経済，文化その他あらゆる分野の活動に参加する機会を与えられるものとする」と述べている。つまり，あらゆる分野への障害者の社会参加は，障害者の尊厳と権利であり，長年の障害者運動の反映といえる。

(2) 福祉のまちづくり

　障害者の社会参加を歴史的にみれば，それは社会参加を妨げるものからのバリア・フリーであり，生活圏拡大運動であり，福祉のまちづくりの実践でもあった。わが国では，それは1970年前後に仙台市で始まったといわれる。特に1973年は記念すべき年となった。たとえば金沢市では，重度障害者の「私も外へ出たい」という切実な願いをもとに，全国障害者問題研究会全国大会が開催され，「障害者のまちづくりをどうすすめるのか」という分科会が新設された。仙台市では福祉のまちづくりをめざした初の全国的な「車いす市民交流集会」が開かれ，以後隔年に開催されることになった。また，厚生省(現厚生労働省)は「身体障害者福祉モデル都市」事業を開始し，その後の一連の「福祉のまちづくり事業」の先駆けとなった。

　わが国で初めてヨーロッパを車いすで単独で旅行した石坂直行氏は『ヨーロッパ車いすひとり旅』を1973年に出版した。「障害物が障害者をつくる」という主張は明快であり，1980年代には重度障害者の「海外旅行」(ハンディ・ツアーズ)を展開し，障害者の社会参加とバリア・フリーを先駆的に実践していった。

(3) 国際障害者年とADA法

　ここで障害者の社会参加とバリア・フリーを世界的に概観すれば，世界初の「建築障壁除去法」(バリアフリー法)が1968年にアメリカで制定され，その翌年には有名な「ノーマライゼーションの原理」がデンマークで提唱された。1974年には国連障害者生活環境専門家会議がバリア・フリー・デザインに関する世界で初の包括的な『BARRIER FREE DESIGN』をまとめ，翌年にはわが国でも『国際リハビリテーションニュース』誌が「特集　障壁のない設計」として紹介した。

　1981年の国際障害者年は障害者の「完全参加と平等」を掲げたが，特に「障害」の定義が重要である。つまり，「障害」の意味は，機能障害(impairment)，能力障害(disability)，社会的不利益(handicap)として把握すること，つまり障害者をハンディキャップ(社会的不利益者)にしないという思想が障害観やバリアに対する見方に与えた影響は大きい。(なお，2001年には「心身機能・身体構造」「活動」「参加」という前向きな表現に改められた。(13ページ「国際生活機能分類」参照))

　1990年には公共的施設・交通・通信などでの差別を禁じた画期的なバリ

フリー法といえる「障害をもつアメリカ人法（ADA法）」が制定された。さらに同年には障害者・高齢者らを含めた「ユニバーサルデザイン（みんなのデザイン）」が提唱されるようになった。

5-4 バリア・フリーの最新施策
(1) 超高齢社会
　わが国では，1990年代に「少子・高齢化」が大きな課題として認識されるようになり，「福祉のまちづくり」が重要な課題になってきた。1970年代に重度障害者が「障害者が住みよいまちづくりは，みんなのまちづくり」と先駆的に訴えてきたが，当時は「障害者＝少数者のため」としか理解されなかった。しかし，いまでは高齢者を含む「みんなのためのまちづくり」に変化してきた。人類未体験の「超高齢社会」が急速に進むわが国では，福祉のまちづくりを実現するためにもバリア・フリーが重要課題になったからである。そのことは学際的な「福祉のまちづくり研究会」が1997年に発足したことでもわかる（2001年から「日本福祉のまちづくり学会」へと発展）。

　障害者・高齢者の社会参加を実現するために主にハード面でのバリア・フリー施策である「ハートビル法」と「交通バリアフリー法」を紹介しておこう。

(2) ハートビル法
　正式名は「高齢者，身体障害者等が円滑に利用できる特定建築物の建築の促進に関する法律」（1994年）であり，公共的建築物のバリア・フリー法といえる。「ハートビル法」はハート（心）とビル（建物）という言葉から連想できるように「高齢者，身体障害者等にやさしい建物」を意味する。前に述べたように1970年代には「身体障害者福祉モデル都市事業」等として始まり，90年代には高齢化の進展により高齢者も対象になった。

　特定建築物とは病院・劇場・観覧場・集会場・展示場・百貨店など，不特定かつ多数の人が利用する公共的建築物であり，その建築主は出入口・廊下・昇降機・便所などを建設大臣が定めた判断基準に従い措置する努力義務がある。基準には最低限の基礎的基準と誘導的基準がある。適合すれば，その旨を表示できる。同法の施行により，都道府県では「福祉のまちづくり条例」が制定された。なお，よりバリア・フリー化をすすめるために2003年4月から「改正ハートビル法」が施行された。

表 5-1　福祉のまちづくりとバリアフリー化の変遷

(『平成7年版　障害者白書－バリアフリー社会をめざして』総理府編集，大蔵省印刷局発行，1995年より転載および追加)

年	福祉のまちづくり・バリアフリーの動き
1969	・仙台市で車いす利用の障害者とボランティアが市内の公共施設を点検し，スロープやトイレの設置を市に要請 ・国際シンボルマークの制定(RI)
1970	・心身障害者対策基本法の制定 ・手話奉仕員養成事業開始(厚生省)
1971	・仙台市で障害者団体，ボランティアグループ，市民団体等からなる「福祉のまちづくり市民の集い」が発足(福祉のまちづくり運動の始まり) ・町田市がまちづくりのための専門家グループと市民による懇談会を設置 ・道路交通法の改正〔身体障害者用車いす通行者を歩行者とする〕 ・点訳奉仕員養成事業開始(厚生省) ・国鉄が盲導犬の無料同乗認める ＊この頃から全国各地で車いす利用者の運動(生活圏拡大運動)が展開される
1973	・「歩道及び立体横断施設の構造について」を通知(建設省) ・「官庁営繕の身体障害者に対する暫定処置について」を通知(建設省) ・「身体障害者モデル都市事業」を創設(厚生省) (国の福祉のまちづくり事業の最初) ・国鉄上野駅に車いす用個室トイレ設置および改札口拡張 ・国鉄高田馬場駅に「点字運賃表」設置 ・東京の国電中央線にシルバーシート登場
1974	・町田市「建築物等に関する福祉環境整備要綱」を制定(全国で初めての指導要綱) ・車いす利用者公衆ボックス導入(電々公社) ・国連「障害者生活環境専門家会議」バリアフリーデザインの報告書をまとめる ・テレビ放送における手話放送を開始(郵政省)
1975	・道路交通法施行規則改正〔運転免許の適正試験で補聴器の使用を認める〕 ・新幹線「ひかり」に車いす用の席を設置 ・福祉電話器の開発(電々公社) ・「官庁営繕の身体障害者等に対する暫定処置について」を通知(建設省) ・心身障害者団体の発行する定期刊行物に対する郵送料の優遇措置 ・図書館が重度身体障害者等に貸し出す図書に対する郵送料の優遇措置 ・大型の点字書籍の郵送料の優遇措置
1976	・京都市「福祉のまちづくりのための建築物環境整備要綱」を策定 ・視覚障害者用信号機の全国統一化(警察庁) 〔音の出る信号機は1955年に東京都杉並区東田町で初めて設置〕
1977	・神戸市「市民の福祉を守る条例」を策定(条例としては全国はじめて) ・「官庁営繕における身体障害者等の利用に対する措置について」を通知(建設省)
1978	・駐車場禁止除外指定車標章の交付を受けた車両については全国的に駐車禁止規制の対象から除外(警察庁) ・道路交通法改正(盲導犬利用者は道路を通行可，この場合の車両運転者に対する一時停止または徐行の義務を規定) ・受話器音声拡大〔めいりょう〕の公衆電話の導入(電々公社)
1979	・「障害者福祉都市」推進事業を創設(厚生省) ・郵便貯金周知宣伝施設に身体障害者用設備を設置(郵政省) ・既設郵便局舎の窓口ロビー出入口の段差解消等(郵政省)
1981	－国際障害者年－ ・「障害に関する用語の整理のための医師法等の一部を改正する法律」の公布 ・「官庁営繕における身体障害者の利用を考慮した設計指針」を作成(建設省) ・簡易保険加入者福祉施設に身体障害者用設備を設置(郵政省)
1982	・「障害に関する用語の整理に関する法律」の公布 ・「障害者対策に関する長期計画」を策定(障害者対策推進本部) ・兵庫県加古川市「福祉コミュニティ条例」を制定 ・「身体障害者の利用を配慮した建築設計標準」を策定(建設省)

(次頁へ続く)

表 5-1（続き）

年	福祉のまちづくり・バリアフリーの動き
1982	・道路交通法施行令改正〔身体の障害にかかわる運転免許の欠格事由の見直し〕 ・テレホンカード式公衆電話導入（電々公社） ・公衆電話のダイヤル数字5にポッチを入れる（電々公社） ・テレビ放送における解説放送を開始（郵政省）
1983	−「国連・障害者の十年」開始年− ・「公共交通ターミナルにおける身体障害者用施設整備ガイドライン」を策定（運輸省） ・定額郵便貯金等の点字による貯金内容通知（郵政省）
1984	・氏名を点字表示した郵便貯金点字キャッシュカード発行（郵政省） ・「視覚障害者用現金自動支払機（CD）・現金自動預払機（ATM）」設置（郵政省） ・点字による簡易保険契約内容の送付開始（郵政省） ・兵庫県警察のファックス110番開設 ・紙幣に視覚障害者のための認識マーク採用（大蔵省）
1985	・テレビ放送における字幕放送を開始（郵政省） ・「視覚障害者誘導ブロック設置指針」を作成（建設省） ・テレホンカードに切り込みを採用（NTT） ・郵便ポストの収集時刻表示板等に点字表示開始（郵政省）
1986	・「障害者の住みよいまちづくり」事業創設（厚生省） ・点字による通常郵便貯金の取扱内容の送付（郵政省） ・交通権学会発足
1987	−「国連・障害者の十年」中間年− ・「『障害者対策に関する長期計画』後期重点施策」を策定（障害者対策推進本部） ・公衆電話のカード返却時の音声ガイダンスやカード返却音を導入（NTT） ・公衆電話のテレホンカード・硬貨投入口を点字で表示（NTT）
1989	・手話通訳者の厚生大臣認定制度発足（厚生省） ・聴覚障害者の福祉を増進することを目的とする施設が聴覚障害者に貸し出すビデオテープに対する郵送料の優遇措置（郵政省）
1990	・「障害をもつアメリカ人法（ADA）」制定 ・「住みよい福祉のまちづくり」事業創設（厚生省） ・「心身障害者・高齢者のための公共交通機関の車両構造に関するモデルデザイン」を策定（運輸省） ・「情報処理機器アクセシビリティ指針」を作成（通商産業省） ・目の不自由な方のための郵便はがきの発行（郵政省） ・点字による簡易保険満期案内書の送付開始（郵政省） ・NHK教育テレビで手話ニュース放送開始
1991	・「福祉の街づくりモデル事業」を創設（建設省） ・「地域福祉推進特別対策事業」を創設（自治省・厚生省） ・「鉄道駅におけるエスカレーター整備指針」を策定（運輸省） ・弱者感応式信号機を設置（警察庁） ・点字による定額定期郵便貯金の満期案内の送付 ・点字のできる職員の養成を開始（郵政省）
1992	−「国連・障害者の十年」最終年− ・兵庫県および大阪府が「福祉のまちづくり条例」を制定 ・道路交通法等改正〔身体障害者用いすを定義，原動機を用いた身体障害者用車いすの型式認定制度を創設〕 ・「人に優しい建築物整備促進事業」を創設（建設省） ・「点字不在配達通知カード」を使用（郵政省） ・「点字内容証明郵便」の取扱い開始（郵政省） ・手話のできる職員の養成を開始（郵政省）
1993	・「障害者対策に関する新長期計画」を策定（障害者対策推進本部） ・「福祉用具の研究開発及び普及の促進に関する法律」の制定 ・「身体障害者の利便の増進に資する通信・放送身体障害者利用円滑化事業の推進に関する法律」の制定 ・「高齢者・障害者等のためのモデル交通計画」の策定・検討〔平成5年度から3か年〕（運輸省） ・「鉄道駅におけるエレベーターの整備指針」を策定（運輸省） ・「まほろばの川づくりモデル事業」を創設（建設省）

5-4 バリア・フリーの最新施策

表 5-1（続き）

年	福祉のまちづくり・バリアフリーの動き
1993	・大阪府警察で手話交番第1号を開設 ・「山梨県障害者幸住条例」を制定 ・障害者基本法への改正 ・電動車いす用公衆電話ボックスを導入（NTT）
1994	・東京都町田市が「福祉のまちづくり総合推進条例」を制定 ・「障害者や高齢者にやさしいまちづくり推進事業」を創設（厚生省） ・「高齢者，身体障害者等が円滑に利用できる特定建築物の建築の促進に関する法律」（ハートビル法）の制定 ・「人にやさしいまちづくり事業」を創設（建設省） ・「交通施設利用円滑化対策費補助金」の創設（運輸省） ・「公共交通ターミナルにおける高齢者・障害者等のための施設整備ガイドライン」を策定（運輸省） ・「みんなが使いやすい空港旅客施設新整備指針（計画ガイドライン）」を策定（運輸省） ・「生活福祉空間づくり大綱」を策定（建設省） ・身体障害者向け通信・放送サービスに関する情報提供を実施（郵政省） ・通帳等に貯金の種類を点字表示したシールをちょう付（郵政省） ・点字版・拡大版「郵便貯金のご案内」の配備（郵政省） ・都道府県警察で手話バッジを導入（警察庁） ・「学校施設等における高齢者・障害者等の円滑に利用できる建築物の建築の促進について」を通知（文部省） ・愛知県および滋賀県が「まちづくり条例」を制定
1995	・東京都狛江市が「福祉基本条例」を制定 ・各都道府県で「福祉のまちづくり条例」を制定〔東京都，京都府，神奈川県，大分県，広島県，熊本県，福島県，埼玉県，奈良県，長野県〕 ・『平成7年版障害者白書』がはじめて「バリアフリー社会をめざして」をテーマにする
1997	・長崎県「福祉のまちづくり条例」公布
1998	・学際的な「福祉のまちづくり研究会」設立 ・『平成10年版障害者白書』が「『情報バリアフリー』社会の構築に向けて」をテーマにする ・「交通権憲章」（交通権学会）の発表
1999	・国際高齢者年
2000	・「介護保険法」 ・「高齢者，身体障害者等の公共交通機関を利用した移動の円滑化の促進に関する法律」（交通バリアフリー法）の施行
2001	・「公共交通機関旅客施設の移動円滑化整備ガイドライン」策定（国土交通省） ・日本福祉のまちづくり学会
2002	・「ハートビル法」の改正

(3) 交通バリアフリー法

「交通バリアフリー法」は，21世紀直前の2000年11月15日に施行された。正式名は「高齢者，身体障害者等の公共交通機関を利用した移動の円滑化の促進に関する法律」であり，通称とはいえ「バリアフリー」を掲げた最初の法律である。趣旨は，高齢者，身体障害者等が公共交通機関を利用した移動の利便性・安全性の向上を促進するため，①鉄道駅などの旅客施設および車両について，公共交通事業者によるバリアフリー化を推進する，②鉄道駅等の旅客施設を中心とした一定の地区において，市町村が作成する基本構想に基づき，旅客施設，周辺の道路，駅前広場などのバリアフリー化を重点的・一体的に推進することである。

障害者・高齢者らの社会参加，つまり福祉のまちづくりを実現するためには，建物そのもののバリア・フリーと同時に，そこへのアクセスなど交通のバリア・フリーが重要だからである。

(4) 交通権憲章

1970年代に福祉のまちづくり運動が始まったとき，その要求は「私も外へ出たい」であり，「外出権」「移動権」といった表現がされた。しかし，交通とは人間的な営みであり文化ともいえる。たとえば，「猫が移動する」とは言いえても，「猫が交通する」とはいわない。

筆者が1983年に提唱した「交通権の思想」は，すでに交通権学会になり，1998年には「交通権憲章」を策定した。交通バリアフリー法が名実どおりになるには，交通権憲章の具体化，つまり交通権にもとづく「交通基本法」の制定が課題となる。なぜなら，障害者の社会参加は，就学・就労はもとより，スポーツ・芸術・文化・レクリエーション・旅行など生活全般にまで求められるしそのためにも交通面でのバリア・フリー，たとえばバリア・フリー・デザインのノンステップ・バス，さらには超低床電車などが実現しつつある。

5-5 バリア・フリーの思想
(1) 四つのバリアと課題

『平成7年版　障害者白書』(1995年)の副題は「バリアフリー社会をめざして」であり，「バリアフリー」を初めて掲げた画期的な白書である。そこでは「バリア」を物理的バリア，制度的バリア，文化・情報面のバリア，意識上のバリアという「障害者を取り巻く4つの障壁」をあげている。

5-5 バリア・フリーの思想

　障害者の社会参加とバリア・フリーでいえば，物理的バリアはハートビル法と交通バリアフリー法で述べたようにもちろん重要だが，制度的バリア，たとえば身体障害を理由にして職業資格の取得(たとえば自動車運転免許)を制限する「障害者欠格条項」が数多くあるのも事実であり，1995年に定めた政府の「障害者プラン」でも欠格条項の見直しを掲げている。文化・情報面のバリアでいえば，たとえば「IT革命」という高度情報社会に視覚障害者が社会参加できるための施策が重要となる。さらに意識上のバリア・フリーも大切である。これは，1970年代に始まった「福祉のまちづくり運動」が早くから掲げてきた「心の段差」問題であり，今日でも「心のバリアフリー」として強調されるが，障害者への差別・いじめとの関連で大切な課題である。

(2) バリア・フリー・デザイン

　20年近く前(1984年)，筆者が長崎バリア・フリー研究会を結成した際，当時は建築の専門用語にすぎなかった「バリアフリーデザイン(障壁のない設計)」を「バリア・フリー・デザイン」，つまり中点を付けることで「あらゆるバリアをデザインの力で無くす(解決する)」という独自の意味にしあげた。つまり「バリア・フリー・デザイン」とは，あらゆるバリアを暴力でも権力でもなく「デザインの力で解決していく」という人間の叡智であり，ダイナミックな思想である。

　例として「バリア・フリー・デザインの信号機」(長崎純心大学1年生向け科目である福祉文化論の演習課題)を紹介しよう。ある色盲の子どもの夢は福祉タクシーの運転手になることだったが，運転免許をとれなかった。それは信号機の青・黄・赤という色を識別できないという理由からだ。しかし，信号機をバリア・フリー・デザインすれば解決する。たとえば○△×にすればいいし，ほかにもアイデアはある。この発問は牧口一二氏の名著『雨あがりのギンヤンマたち』(明石書店，1988)にある話を実際に活用したものであり，学生のアイデア例は『図解　バリア・フリー百科』(TBSブリタニカ，1999)に詳しい。

　あるいは，10年も前に北海道のある過疎地で，筆者のHM法(バリア・フリー発想法)を教授した際，「動く小学校」「空飛ぶ小学校」を披露したことがあるが，もし実現すれば「登校拒否」もなくなり，「教育法」も変わるかもしれない。同じく「動くデイサービスセンター」というアイデアは2001年に島根県平田市で「お茶の間バス」として登場した。固定した建築物しか発想できないという思考のバリア，そして斬新なアイデアの実現を妨げる制度的バリア

がなくなれば，障害者の社会参加を可能とするバリア・フリーもさらに広がる。

(3) バリア・フリーの意義

はじめに「バリア」の意味を概説したが，「フリー」の意味を知ると「バリア・フリーの思想」がよく分かるだろう。「フリー」とは実は「～からのフリー」と「～へのフリー」を包含しており，「貧困・不幸・戦争・差別・災害等からのフリー」は「豊かさ・幸福・平和・平等・安全等へのフリー」といった人類的価値と連動している。「～へのフリー」という目標が豊かであればあるほど，無くすべき対象となる「～からのフリー」も限りない。つまり，「バリアからのフリー」がめざすものは，わが国の歴史からいえば「福祉のまちづくりへのフリー」であり，それは普遍的価値の創造といえる。なぜなら，「福祉」とは「しあわせ」の意味であり，2000年も昔の中国の古典に登場する「天寿を全うして喜びにあずかる」というのが原意だからである。そのためにこそ，バリア・フリーが必要となる。

5-6 おわりに

社会や人々が「障害」をどのように認識するかは，じつはその国の人権思想と社会福祉と文化の成熟度を表している。21世紀には痴呆高齢者も含めて「障害者」が豊かに生きる社会こそが豊かな社会であり，バリア・フリー社会といえる。そして「障害者」という偏見と差別を招きやすい「言葉」がなくなる社会こそ，障害者の社会参加を真に可能とするだろう。そのことが人類未体験の「超高齢社会」を迎える日本の課題である。

研究課題
1. 「バリアフリーデザイン」と「バリア・フリー・デザイン」の違いをまとめてください。
2. 「福祉のまちづくり」と障害者の社会参加との関連を考えてください。

引用・参考文献

石坂直行(日比野正己編)　2000　『石坂直行旅行・福祉著作集』(福祉のまちづくり関連の先駆的文献シリーズ第2巻) HM研究所

引用・参考文献

一番ヶ瀬康子・日比野正己監修・指導　2001　『未来に広がる「福祉の仕事」』(全8巻)学習研究社
(財)共用品推進機構監修　2000　『「バリアフリー」って，なんだろう？』(全6巻)学習研究社
交通権学会編(日比野正己編集代表)　1999　『交通権憲章』日本経済評論社
総理府編　1995　『平成7年版　障害者白書』大蔵省印刷局
日比野正己　1997　『福祉のまちづくり研究』HM研究所
日比野正己編著　1998　『バリア・フリー発想法とHM社会人大学・大学院』HM研究所
日比野正己編著　1999　『図解　バリア・フリー百科』TBSブリタニカ
日比野正己編著　2002　『図解　交通バリア・フリー百科』TBSブリタニカ
日比野正己・夢設計編著　2002　『図解　居住バリア・フリー百科』TBSブリタニカ
日比野正己・佐々木由恵・永田久美子　2002　『図解　痴呆バリア・フリー百科』TBSブリタニカ
牧口一二　1988　『雨あがりのギンヤンマたち』明石書店

6
転換期の障害者施設の現状と課題

6-1 はじめに

　第二次大戦後主権在民の日本国憲法を策定したわが国は，戦禍によって親を失った孤児や生活に苦しい子どもたちに未来を託すという意味で，1947年，「福祉」を冠したはじめての法律である児童福祉法を制定した。さらに1949年には戦禍で身体に障害を負った人々の対策を主たる目的に身体障害者福祉法が制定された。その後10年あまり遅れ，わが国が高度経済成長を迎えようとする1960年，知的障害者福祉法が制定された。

　このようにわが国の障害者福祉の制度は，第二次大戦後の社会情勢を反映する形で，徐々に整備されていった。当時の社会は，戦後の復興期であり，多くの人々の生活は苦しく，ましてや障害児者の生活は，非常に厳しいものであった。そこで，障害児者を含めた生活困難者の衣食住を確保するという意味で，それぞれの法律で規定された入所施設の役割は，福祉施策のなかで非常に大きなウェイトを占めるものであった。

　戦後半世紀あまりが経過し人々の生活が安定してくると，障害者施設は家庭から日中通う，通所施設が増加してくるとともに，ノーマライゼーションの理念が浸透していくなかで，グループホームと呼ばれる小規模居住型の施設も生まれ，施設の種類や形態は，きわめて多様化してきている。

　しかも，社会福祉基礎構造改革という名のもとに，社会福祉事業の基本的なしくみを規定した社会福祉事業法が半世紀ぶりに改正され，2000年に社会福祉法となった。それに伴い，施設の利用のしくみや国からの費用の支出のしくみが大きく変わりつつある。

　このように，学校教育法により一本化しているわが国の学校制度に比べ，障害者の施設を含むいわゆる社会福祉施設の種類や機能はきわめて多様化し，施設のあり方も変化しつつある。しかも，学校は誰もが利用した経験をもち，そのイメージはもちやすいが，社会福祉施設は，特別なニーズをもった人たちだ

けが利用するものが多く，利用した経験のない人にはイメージをもちにくいであろうと思われる。
　そこで，本章では，施設を利用している障害者の生活を事例を通して学んだ後，障害者施設の種類や機能を理解する。そして，制度改革の動向を知り，転換しつつある障害者福祉施設の将来的な課題を検討することにしたい。

6-2　障害者施設での支援の現状と課題

　まず，障害者施設での障害者の生活の実態や課題を理解するため，グループホームの制度を創設する際のモデルのひとつとなったといわれる，北海道伊達市の知的障害者の事例(高橋，1990)を取り上げてみたい。
　野菜の生産を基幹産業とする人口 35,000 人のこの街は，わが国でもっとも多くの知的障害者がグループホーム等の小規模居住型の施設に暮らしているといわれている。もともとこの街には，太陽の園という知的障害者の大規模入所施設があり，この街のグループホームで暮らす知的障害者は，ほとんどこの入所施設から出て地域生活をはじめた人たちである。
　グループホームのひとつである M 生活寮を訪ねた。M 生活寮は，街のほぼ中心の閑静な住宅街にある 4LDK で，サンルーム付きのしっかりとしたつくりの住宅であった。玄関を入ると，中・重度の知的障害者と思われる 4 人の男性が，くつろいだ雰囲気でテレビを見ていた。居間にあがらせてもらい，生活の様子を尋ねてみた。

「ここの生活はどう？」
「ここの生活の方が，店が近いし，買い物にいける」
「(園で生活していた時は)早く寝ろといわれた」
「日曜日はどうしてる？」
「買い物行ったり……トイレットペーパーとか粉石けん，歯みがき粉とか……」
「仕事はどう？」
「楽しいです」
「買い物はひとりで行くの？」

　ダウン症らしい M さん(38)に目を向けると，しきりに表情で答えようとしてくれているが言葉が出てこない。そこで，隣で黙って正座してすわっていた O さん(38)に尋ねると，はずかしそうに頭をかかえながらも，指を 1 本差し出して，ひとりでいくことを示してくれた。

「皿洗いや洗濯は？」
「当番決めてまとめてやる」

6-2 障害者施設での支援の現状と課題

「お酒は飲むことある？」
「お酒は自分で買ってときどき飲む」
とKさん(37)がたどたどしいがしっかりと答えてくれた。こうした会話から，障害者4人が共同して暮らすグループホームでの生活におおよそ満足していることがうかがえた。

彼らは，近所に住む主婦Yさんの1日6時間契約の援助をうけつつ生活し，街北側の丘陵にひろがる養鶏場で働いている。朝・夕の食事のしたく，大きな衣類の洗濯，新しい衣類の購入，通院の付き添い，お金の管理，仲間どうしのいざこざの解決，悩みごとの相談などがグループホームの世話人であるYさんの役割である。

彼らにとってYさんは母親に近い存在のようで，言うことをすぐに聞かなかったりするときもある。仲間どうしのいざこざは，毎日のようにあり，彼らの気持ちを整えてやり，気持ちよく職場に送り出してあげるのが，世話人さんの重要な役割である。しかしある日，彼らのひとりが非常に不安定になり，主婦であるYさんには手にあまる事態が生じた。こうした場合は，太陽の園の職員が訪問し，彼らの話やYさんの話を十分に聞いて問題を解決する。どうしてもそれだけでは難しい場合は，太陽の園の分園として街に建てられているアパート風の施設で，指導員がしばらく生活支援を行い，落ち着いたら，またもとのグループホームへ帰ることになる。

また，彼らの就労の場は，太陽の園の就職開拓担当の職員が地域をまわり獲得した職場であったり，知的障害者通所授産施設などの福祉的就労の場である。一般就労でのトラブルは，太陽の園の職員が随時訪問して，職場の人や彼らの話を聞いて問題を解決し，就労の継続を援助している。そして，彼らの通勤を支えるのは，北海道の障害者通勤援助制度によってガソリン代を支給されているボランティアである。

しかも，障害者が地域生活を送るまでに太陽の園では，時間をかけて入所施設内で生活指導や作業指導を続け，徐々に身についてきた生活力を見極めた上で，模擬的に共同生活を体験させ，実際の生活力や共同生活する仲間との相性などをチェックする。必ずこうした過程を踏まえた上で地域のグループホームでの生活を始めさせている。

さらに，一般就労が可能な中・軽度の知的障害者は，知的障害者通勤寮(就労している知的障害者が2年を目標に単独生活するための生活訓練を行う施設)とそれに併設された地域生活支援センターにより，日常生活指導，食事サービス，

金銭管理の援助，就労支援などの生活支援を受けながら単身生活，結婚生活を行っている。

このように，伊達市での知的障害者の地域生活は，入所施設である太陽の園や知的障害者通勤寮，地域生活支援センターの職員によるコーディネートや障害者本人に対する直接援助などの地域生活支援のネットワークによって成り立っているのである。

近年の障害者施設は，伊達市の太陽の園の例のように，入所施設での生活支援中心の機能から，地域生活を支援する多様な機能を併設し，地域に開かれた施設へと移行しつつある。また，グループホームのような小規模居住型の施設や通所して仕事や生活支援を行う施設が急速に増加してきている。

今後の課題は，第1に障害者が学校卒業後，地域で自立生活していくための所得保障を充実させることである。実際，M生活寮で生活している知的障害者は，障害基礎年金(2002年4月現在，1級—月額83,775円，2級—月額67,017円)と30,000円前後の給料との合計10万円前後の収入で生活を切り盛りせざるを得ない現状である。これでは，豊かな地域生活を維持・継続させることは非常に困難である。

第2に，障害者の地域生活を支えるグループホームや近年急増している小規模通所施設の運営基盤が非常に貧困であることである。これらの施設で雇用される職員の所得や雇用条件も障害者同様に貧困で，安定・継続して仕事を続けていくことが困難な場合が多い。

第3に，伊達市のような地域生活支援システムが確立されている地域は，ごくわずかであり，そうした地域生活支援システムがどの地域でもつくれるような社会福祉資源の基盤整備が，切実に求められている。

6-3 ライフサイクルと障害者(児)施設

次に多様な障害者(児)施設を理解するために，人のライフサイクルに沿って，どんな施設がどんな法律にもとづいてあるのかを紹介する。

(1) 乳幼児期・児童期の障害児施設

乳幼児期・児童期の施設を規定しているのは，児童福祉法である。児童福祉法で規定された施設を児童福祉施設という。児童福祉法で規定された施設は，表6-1のように14種類であるが，児童福祉施設最低基準でさらに細かく施設の種類を規定している。そのうち障害児を受け入れることを目的とした障害児

表6-1 児童福祉施設の種類と障害児施設

児童福祉法に明記された児童福祉施設	児童福祉施設最低基準で示された施設
助産施設	助産施設
乳児院	乳児院
母子生活支援施設	母子生活支援施設
保育所	保育所
児童厚生施設	児童館
	児童遊園
児童養護施設	児童養護施設
知的障害児施設	知的障害児施設
	自閉症児施設第一種(医療型)
	自閉症児施設第二種(福祉型)
知的障害児通園施設	知的障害児通園施設
ろうあ児施設	盲児施設
	ろうあ児施設
	難聴幼児通園施設
肢体不自由児施設	肢体不自由児施設
	肢体不自由児療護施設
	肢体不自由児通園施設
重症心身障害児施設	重症心身障害児施設
情緒障害児短期治療施設	情緒障害児短期治療施設
児童自立支援施設	児童自立支援施設
児童家庭支援センター	児童家庭支援センター
厚生省(現・厚生労働省)の通知に基づく事業として実施されている施設	
障害児通園(デイサービス)事業	
重症心身障害児(者)通園事業	
心身障害児総合通園センター	

下線で示したものが障害児の利用を目的にした施設である。
児童福祉法・児童福祉施設最低基準より作成。

施設は，下線で示した 12 種の施設である。また，厚生労働省の通知により，行われている事業として実施されている施設が 3 種類ある。障害児施設には，入所型のものと通所型のものとがあるが，通園施設と呼ばれるもの以外が入所施設である。障害児施設の体系と機能を図 6-1 に示した。

入所施設は，表 6-2 に示すように，重症心身障害児施設，情緒障害児短期治療施設を除き，近年漸減傾向にある。一方，通園施設は，漸増傾向にある。

入所施設が漸減傾向にある要因は，それまで学校教育を受けることができなかった学齢期の障害児を障害児施設が受け入れていたのが，1979 年の養護学校教育義務制により，家庭から通学して教育を受けることが可能となったこと

施設福祉施策

児童のための施設

児童福祉施設

- **知的障害児施設**
  知的障害の児童を入所させて、保護するとともに、独立自活に必要な知識技能を与える施設
- **自閉症児施設**
  自閉症を主たる症状とする児童を入所させて保護するとともに、独立自活に必要な知識技能を与える施設
- **知的障害児通園施設**
  知的障害の児童を日々保護者のもとから通わせて、保護するとともに、独立自活に必要な知識を与える施設
- **盲児施設**
  盲児（強度の弱視を含む）を入所させて保護するとともに、独立自活に必要な指導または援助する施設
- **ろうあ児施設**
  ろうあ児を入所させて保護するとともに、独立自活に必要な指導または援助をする施設
- **難聴幼児通園施設**
  難聴の児童に対し、早期に聴力および言語能力の機能訓練を実施。残存能力の開発と障害の除去を行うとともに、家庭で一貫した適切な指導訓練が行えるよう母親等に対し指導訓練の技術等について指導する施設
- **肢体不自由児施設**
  上肢、下肢または体幹の機能障害のある児童を入所させて治療するとともに、独立自活に必要な知識・技能を与える施設
- **肢体不自由児通園施設**
  上肢、下肢または体幹の機能障害のある児童を通所させて治療するとともに、独立自活に必要な知識・技能を与える施設
- **肢体不自由児療護施設**
  上肢、下肢または体幹の機能障害のある児童で家庭における養育が困難なものを入所させる施設
- **重症心身障害児施設**
  重度の知的障害および重度の肢体不自由が重複している児童を入所させて保護するとともに、治療および日常生活の指導をする施設
- **心身障害児総合通園センター**
  障害の相談・指導・診断・検査・判定等を行うとともに、時宜を失うことなく障害に応じた療育訓練を行う施設、複数の児童福祉施設の複合体
- **障害児通園（デイサービス）事業**
  市町村が通園の場を設けて、障害児に通園の方法により指導を行い、地域社会が一体となって育成助長を図る事業

国立療養所

- **進行性筋萎縮症児病床**
  進行性筋萎縮症児・者を入院させて治療および日常生活の指導を行う
- **重症心身障害児病床**
  重度の知的障害および重度の肢体不自由が重複している児童を入所させて、治療および日常生活の指導を行う

知的障害者のための施設

知的障害者援護施設

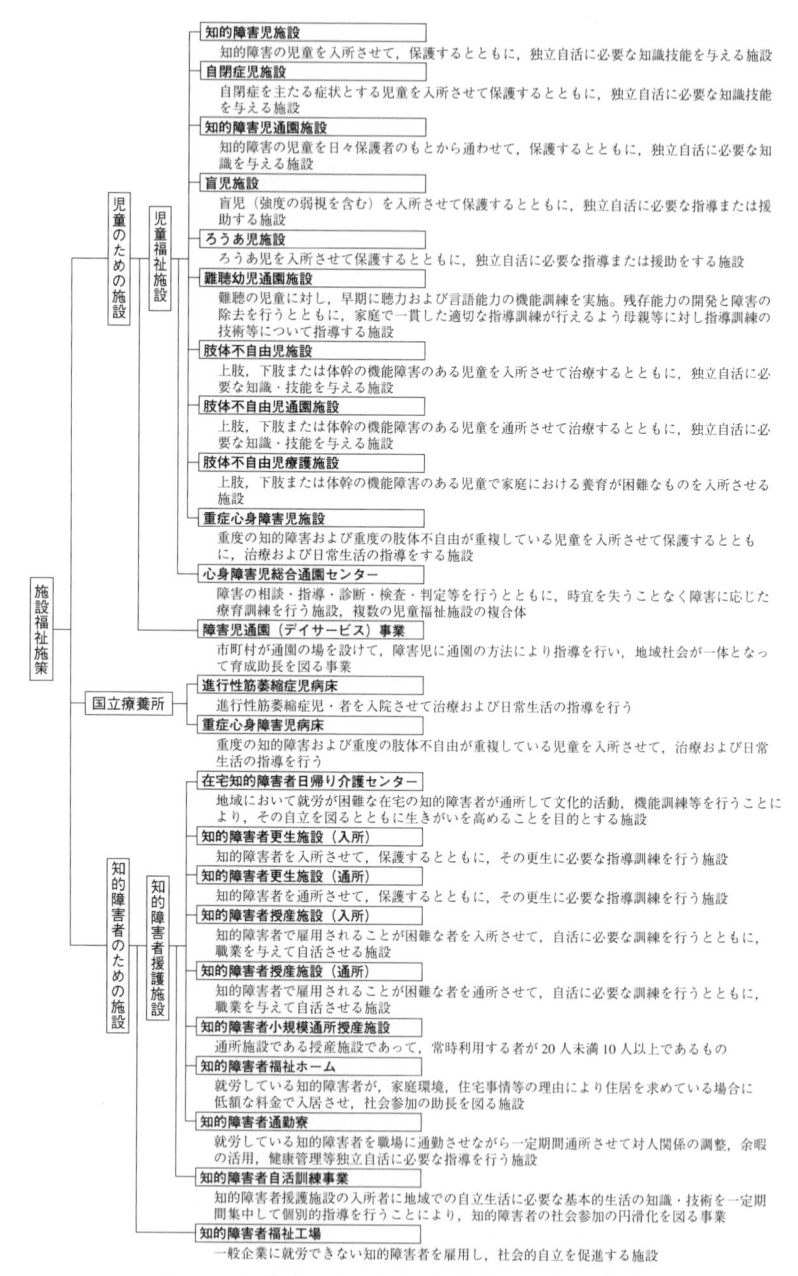

- **在宅知的障害者日帰り介護センター**
  地域において就労が困難な在宅の知的障害者が通所して文化的活動、機能訓練等を行うことにより、その自立を図るとともに生きがいを高めることを目的とする施設
- **知的障害者更生施設（入所）**
  知的障害者を入所させて、保護するとともに、その更生に必要な指導訓練を行う施設
- **知的障害者更生施設（通所）**
  知的障害者を通所させて、保護するとともに、その更生に必要な指導訓練を行う施設
- **知的障害者授産施設（入所）**
  知的障害者で雇用されることが困難な者を入所させて、自活に必要な訓練を行うとともに、職業を与えて自活させる施設
- **知的障害者授産施設（通所）**
  知的障害者で雇用されることが困難な者を通所させて、自活に必要な訓練を行うとともに、職業を与えて自活させる施設
- **知的障害者小規模通所授産施設**
  通所施設である授産施設であって、常時利用する者が20人未満10人以上であるもの
- **知的障害者福祉ホーム**
  就労している知的障害者が、家庭環境、住宅事情等の理由により住居を求めている場合に低額な料金で入居させ、社会参加の助長を図る施設
- **知的障害者通勤寮**
  就労している知的障害者を職場に通勤させながら一定期間通所させて対人関係の調整、余暇の活用、健康管理等独立自活に必要な指導を行う施設
- **知的障害者自活訓練事業**
  知的障害者援護施設の入所者に地域での自立生活に必要な基本的生活の知識・技術を一定期間集中して個別的指導を行うことにより、知的障害者の社会参加の円滑化を図る事業
- **知的障害者福祉工場**
  一般企業に就労できない知的障害者を雇用し、社会的自立を促進する施設

図6-1　障害児・知的障害者施設福祉施策の概要
（『平成14年版　障害者白書』より）

表 6-2 障害児施設の施設数の年次推移

施設の種類	1985年(S.60)	1990年(H.2)	1997年(H.9)	1998年(H.10)	1999年(H.11)	2000年(H.12)
知的障害児施設	321	307	284	280	278	272
自閉症児施設	8	8	6	6	7	7
知的障害児通園施設	218	215	226	229	230	234
盲児施設	28	21	15	14	14	14
ろうあ児施設	24	18	16	16	16	16
難聴幼児通園施設	23	27	27	27	27	26
肢体不自由児施設	74	72	69	67	66	65
肢体不自由児通園施設	70	73	81	82	83	85
肢体不自由児療護施設	8	8	7	7	7	7
重症心身障害児施設	56	65	82	88	88	91

厚生労働省統計情報部編「平成12年社会福祉施設等調査報告」より作成。

を契機に，障害があっても家庭で子育てしたいというニーズが高まったためである。通園施設は，それまで学齢児も受け入れていたが，79年以降は，就学前児の療育機関としての役割を担うようになった。施設数が漸増しているのは，第2章で解説したように，障害の早期発見と療育体制の充実とともに利用ニーズが高まってきたためである。

また，入所施設である重症心身障害児施設が増加しているのは，①医療の進歩とともに，これまでは生命を維持できなかったような子どもの生命を救うことができるようになり，重症児の数が増加したこと，②専門的医療ケアを受けられる機関が重症心身障害児施設以外に地域に少ないこと，③家族の介護負担が非常に大きいことなどが原因である。なお，入所している重症心身障害児の約半数は，図6-1に示す国立療養所の重症心身障害児病床に入院している。

一方，こうした子どもたちも肢体不自由養護学校などで受け入れられるようになり，家庭から通学する子どもも増えてくるに従い，学校卒業後も引き続き家庭で世話していきたいというニーズが増加したことによりできたのが，表6-1の重症心身障害児(者)通園事業である。

情緒障害児短期治療施設は，1997年の児童福祉法の改正により，対象児の年齢が12歳未満から18歳未満に引き上げられた。人格障害，心身症，摂食障害，家庭内暴力など情緒的な困難を抱えた子どもが入所しているが，施設の絶対数が非常に少なく，短期に治療して退所することが難しいケースが増えてきている現状がある(浅井, 2000)。各地域に医療と福祉が連携して情緒的に困難を抱えた子どものケアにあたれる機関の充実が求められている。

また，児童福祉法の規定によれば，「児童とは，満18歳に満たない者」とされているが，入所施設の場合，成人期の施設や在宅福祉サービスの不十分さにより，18歳以上になってもそのまま入所を続けざるを得ない者が過半数に上っている。以前は，こうした障害者を「過年児」と呼んでいたが，近年では，規制緩和ということで障害児施設の入所児の年齢制限自体を撤回したり，定員を部分的に成人期施設定員とすることにより，18歳以上の入所者の継続入所を合理化する傾向にある。しかし，児童福祉施設のナショナル・ミニマムを規定した児童福祉施設最低基準は，身体の小さい児童を基準にしたままであり，最低基準の改善，成人期の障害者を受け入れる施設や入所児が再び地域で暮らせる在宅福祉サービスのより一層の充実などの対策が求められているところである。

　なお，2-3節で解説したように，保育所などにも障害児を受け入れる制度があり，障害児施設以外の児童福祉施設も障害児が利用する場合がかなりあり，その受け入れ体制が課題となっていることを付記しておきたい。

(2) 成人期の障害者施設

　児童福祉法が，すべての障害にわたる施設を一括して規定していたのと異なり，成人期の障害者施設は，障害種別ごとに身体障害者福祉法，知的障害者福祉法，精神保健及び精神障害者福祉に関する法律(以下，精神保健福祉法)によって規定されている。また，一般には，障害者施設には分類されないが，生活保護法の施設にも身体・精神上の障害により利用できる施設がある。また，これらの施設は，機能別に分類すると，更生施設，作業施設，生活施設，地域利用施設に分類することができる。表6-3は，障害者施設を規定している法律を機能別に分類したものである。なお図6-1，図6-2には，知的障害者施設と身体障害者施設の概要を示した。

　更生施設とは，通常の社会生活に復帰するため，一定の期間，治療やリハビリテーションを行うことを目的とした施設である。しかし，実際には障害の重度化や在宅福祉サービスの不十分さなどから，通常の社会生活に復帰することがむずかしく，長期に利用している場合も多いのが現状である。知的障害者更生施設(入所)の場合，特にこの傾向が強く，実態としては，生活施設と考えた方がよい現状である。しかし，近年はグループホームへ入所者を移行させようという動きもある。

　作業施設は，一般就労が困難な障害者に対し自活に必要な援助を行うととも

表 6-3 障害者施設の種類と機能

規定している法律	身体障害者福祉法	知的障害者福祉法	精神保健福祉法	生活保護法
施設の機能	身体障害者更生援護施設	知的障害者援護施設	精神障害者社会復帰施設	保護施設**
更生・訓練・治療・療育施設	肢体不自由者更生施設* 視覚障害者更生施設* 聴覚・言語障害者更生施設* 内部障害者更生施設*	知的障害者更生施設（入所および通所）	精神障害者生活訓練施設（援護寮） 精神障害者ショートステイ施設（援護寮に併設）	更生施設
生活施設	身体障害者療護施設			救護施設
作業施設	身体障害者授産施設* 身体障害者通所授産施設 身体障害者小規模通所授産施設 身体障害者福祉工場	知的障害者授産施設（入所および通所） 知的障害者小規模通所授産施設 知的障害者福祉工場	精神障害者授産施設（入所および通所） 精神障害者小規模通所授産施設 精神障害者福祉工場	授産施設
地域利用施設	身体障害者福祉センター（A型，B型） 身体障害者デイサービスセンター 障害者更生センター 補装具製作施設 点字図書館，点字出版施設 聴覚障害者情報提供施設 盲導犬訓練施設	知的障害者デイサービスセンター	精神障害者地域生活支援センター	
福祉ホーム等	身体障害者福祉ホーム	知的障害者福祉ホーム 知的障害者通勤寮	精神障害者福祉ホーム	

内閣府編『平成 14 年版　障害者白書』p.78「障害種別福祉施設一覧」を参考に作成した。
＊　2003 年度から重度身体障害者更生援護施設が更生施設に，重度身体障害者授産施設が身体障害者授産施設に統合された。
＊＊　保護施設は通常障害者施設には含めないが，入所要件に障害条件が含まれている施設のみを掲載した。

```
                  ┌─ 肢体不自由者更生施設*
                  │    障害の程度のいかんにかかわりなく相当程度の作業能力を回復しうる見込みのある人を対象とし，
                  │    更生訓練を行う施設（入所期間は1年を原則）
           ┌ 更生 ├─ 視覚障害者更生施設
           │ 施設 │    あんま，はり，きゅう等職業についての知識技能，訓練を行う施設（入所期間2～5年）
           │      ├─ 聴覚・言語障害者更生施設
           │      │    更生に必要な治療および訓練を行う施設（入所期間は1年を原則）
           │      └─ 内部障害者更生施設
           │           医学的管理の下に更生に必要な指導，訓練を行う施設（入所期間1年を原則）
           │
           │ 生活 ┌─ 身体障害者療護施設
           ├ 施設 │    身体上の著しい障害のため常時介護を必要とするが，家庭ではこれを受けることの困難な最重度
           │      │    の障害者を入所させ，医学的管理の下に必要な保護を行う施設
           │      └─ 身体障害者福祉ホーム
           │           身体上の障害のため家庭において日常生活を営むのに支障のある身体障害者が自立した生活を営
           │           む施設
           │
           │      ┌─ 身体障害者授産施設*
           │      │    雇用困難または生活に困窮する人を対象とし，必要な訓練を行い，職業を与えて自活させる施設
           │      │    （最終的には一般事務所に就職もしくは自営等で，自活させることを目的としているので，入所期間
           │      │    は一定ではない）
           │      ├─ 身体障害者通所授産施設
 施設福祉    │      │    身体障害者授産施設の一種であり，内容は身体障害者授産施設と同じであるが，利用者は通所者に
 施策     ┤ 作業 │    限られる
           ├ 施設 ├─ 身体障害者小規模通所授産施設
           │      │    通所施設である授産施設であって，常時利用する者が20人未満10人以上であるもの
           │      └─ 身体障害者福祉工場
           │           生産能力があっても，通勤事情等のため，一般の企業に就職することの困難な車いす障害者等のた
           │           めの工場
           │
           │      ┌─ 身体障害者福祉センター（A型）
           │      │    身体障害者の各種の相談に応ずるとともに，健康の増進，教養の向上，スポーツ，レクリエーショ
           │      │    ンなど保健・休養のための施設
           │      ├─ 身体障害者福祉センター（B型）
           │      │    外出や就労の機会が得られない在宅重度障害者が通所して，創作活動，軽作業，日常生活訓練等を行
           │      │    うための施設
           │      ├─ 在宅障害者デイサービス施設
           │      │    身体障害者日帰り生活・介護（デイサービス）事業を行うための施設
           │      ├─ 障害者更生センター
           │ 地域 │    障害者，家族，ボランティア等が気軽に宿泊，休養するための施設
           └ 利用 ├─ 点字図書館
             施設 │    視覚障害者の求めに応じて点字刊行物や声の図書の閲覧貸出しを行う施設
                  ├─ 点字出版施設
                  │    点字刊行物を出版する施設
                  ├─ 聴覚障害者情報提供施設
                  │    字幕（手話）入りビデオカセットの製作貸出し，手話通訳者の派遣，情報機器の貸出し等を行う施設
                  ├─ 補装具製作施設
                  │    補装具の製作または修理を行う施設
                  └─ 盲人ホーム
                       あんま，はり，きゅう等視覚障害者の職業生活の便宜を図るために施設を利用させ，技術の指導を
                       行う施設
```

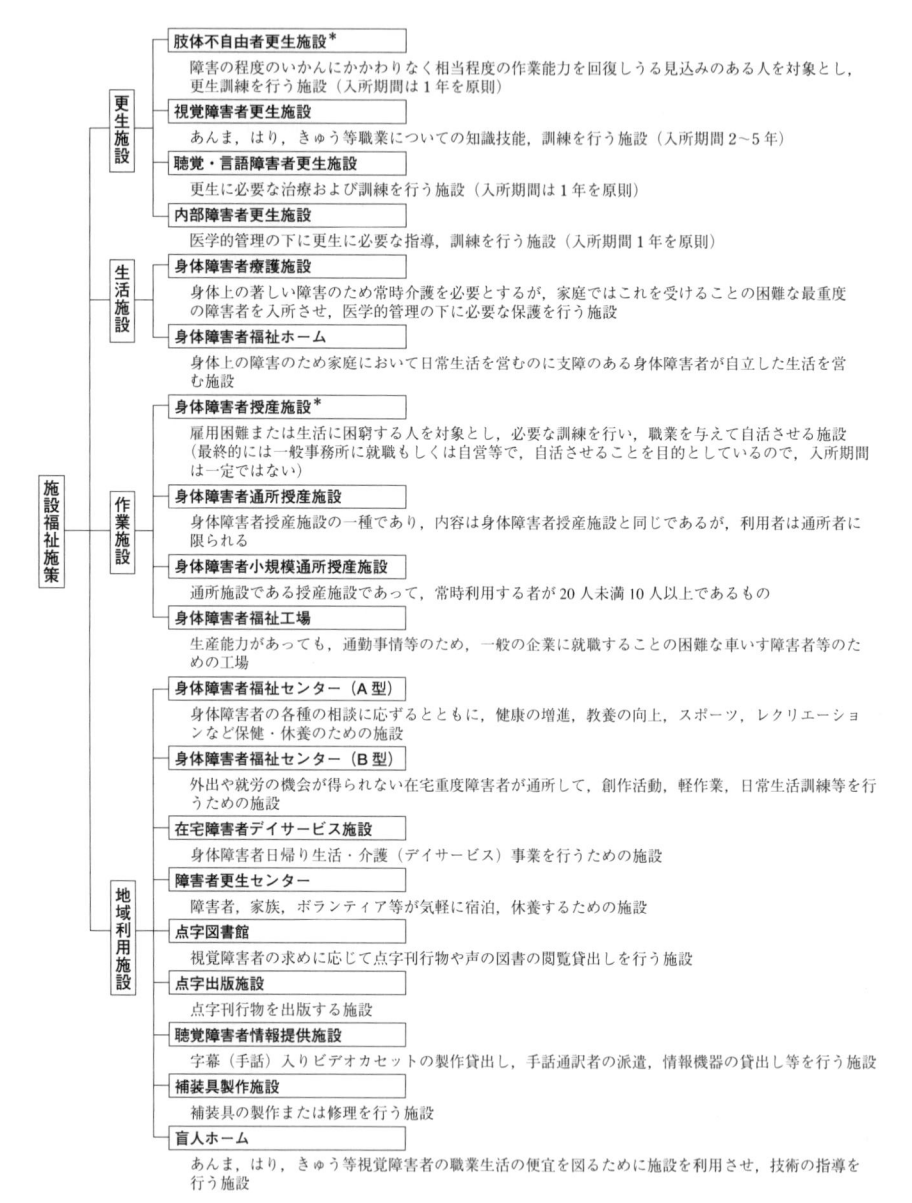

＊ 2003年度から重度身体障害者更生授産施設は肢体不自由者更生施設に，重度身体障害者授産施設は身体障害者
  授産施設に統合された。

図6-2　身体障害者施設福祉施策の概要（『平成14年版　障害者白書』より）

に仕事を与えて自立を促進することを目的とした施設である。一般的に授産施設と福祉工場と呼ばれるものがこれである。授産施設は，障害者に作業活動のプログラムを用意し，社会参加や達成感，経済活動への参加の喜びを味わうことにより，精神的自立や生活の充実感を促すことを目的としており，その工賃は，利用者の生活を支える額には及ばないのが現状である。一方，福祉工場は，一般企業と同様に雇用契約を結び，労働基準法が適用されて，原則的に最低賃金が保障されることになっている。しかし，実際には，最低賃金除外申請により最低賃金が保障されていない場合もかなりあり，障害者の就労に伴う所得保障の課題が残されている現状がある。

生活施設は，障害や家庭の事情により自宅で日常生活を営むのに支障のある人に対し，居室を提供するとともに，生活の支援を行う施設である。身体障害者療護施設と身体障害者及び知的障害者福祉ホームがこの典型であるが，実際には機能別の施設分類にかかわりなく，入所施設はすべて生活施設としての機能を備えている。これまでの入所施設は全体的に，居室が数名の相部屋である場合が多く，プライバシーの確保や生活の自由度の確保などが課題である。また，福祉ホームは基本的に個室が提供されるが，基本的生活が自立していることが条件であるため，介護を必要とする重度の障害者が入所できるような条件整備が課題である。

また，近年，知的障害者と精神障害者のために地域生活援助事業という名称のグループホーム制度がつくられ，注目されている。これは，4～6人程度の障害者が世話人の援助のもとに共同生活を営む居住形態である。通常の住宅を利用できるため，街中に手軽に開設でき，小規模であるため，家庭生活に近い生活が営めることが魅力である。課題としては，世話人の人件費が非常勤待遇であるため，雇用が不安定でしかも交替ができにくく，一人の世話人に加重な負担がかかる点である。

地域利用施設に分類された施設は，福祉センターのように相談・援助や研修，集いの場所提供，デイサービスなどの多目的の機能を提供する施設，専門の情報提供や集いの場所，補装具などを提供する施設，日中の活動を提供するデイサービスセンター，地域での生活を支援する生活支援センターなどがある。デイサービスセンターは，通所の作業施設や更生施設と同様の機能を有するものであるが，通所施設のような単独施設ではなく，他の施設に併設されている場合が多く，通所日数が制限されている場合が多い。したがって通所施設と同様に毎日通所が可能な条件整備が課題となっている場合がある。

6章　転換期の障害者施設の現状と課題

　障害者関係施設の種類別の年次推移を表6-4に示した。これをみると精神障害者社会復帰施設は，どの施設も1990年以降，その数が急増しているが，総施設数は，まだまだ非常に少なく，2000年時点で521にすぎない。さらなる拡充が求められている。

表6-4　障害者施設の施設数の年次推移

施設の種類	1985年 (S.60)	1990年 (H.2)	1997年 (H.9)	1998年 (H.10)	1999年 (H.11)	2000年 (H.12)
身体障害者更生援護施設	**848**	**1033**	**1488**	**1577**	**1668**	**1766**
肢体不自由者更生施設	48	44	38	37	37	37
視覚障害者更生施設	16	16	14	14	14	14
聴覚・言語障害者更生施設	3	3	3	3	3	3
内部障害者更生施設	15	13	6	6	6	6
重度身体障害者更生施設	52	61	72	72	73	73
身体障害者授産施設	87	85	83	83	81	81
重度身体障害者授産施設	110	119	127	127	127	128
身体障害者通所授産施設	64	109	213	233	244	252
身体障害者福祉工場	21	24	35	35	35	37
身体障害者療護施設	167	210	310	327	352	377
身体障害者福祉ホーム	－	10	28	34	39	42
知的障害者援護施設	**1244**	**1732**	**2590**	**2726**	**2884**	**3002**
知的障害者更生施設（入所）	680	862	1175	1205	1250	1303
知的障害者更生施設（通所）	76	137	285	310	339	350
知的障害者通勤寮	88	106	117	116	119	120
知的障害者授産施設（入所）	144	181	215	219	226	228
知的障害者授産施設（通所）	240	396	704	774	839	890
知的障害者福祉工場	－	4	29	35	43	43
知的障害者福祉ホーム	16	46	65	67	68	68
精神障害者社会復帰施設	－	**90**	**350**	**401**	**473**	**521**
精神障害者生活訓練施設（援護寮）	－	31	128	149	182	205
精神障害者福祉ホーム	－	33	88	99	111	115
精神障害者入所授産施設	－	－	15	18	21	22
精神障害者通所授産施設	－	26	112	127	150	168
精神障害者福祉工場	－	－	7	8	9	11
保護施設*	**353**	**351**	**339**	**336**	**335**	**296**
救護施設	169	173	177	177	177	178
更生施設	18	18	17	17	19	19
授産施設	76	76	67	65	62	24

厚生省統計情報部「平成12年度社会福祉施設等調査報告」をもとに作成。
＊　保護施設には，他に医療保護施設・宿所提供施設があるが，必ずしも障害者施設ではないため省略した。

また，1985年から2000年にかけて身体障害者更生援護施設は2倍強に増加し，知的障害者援護施設数は，2.4倍以上になっている。施設機能別にみると，入所型の身体障害者更生施設，身体障害者授産施設は，横這いか漸減傾向にあるのに対し，通所型の更生施設，作業施設は急増している。また，入所型の施設でも重度の障害者を受け入れている重度身体障害者更生施設・重度身体障害者授産施設(2003年度からそれぞれの更正施設・身体障害者授産施設に統合)，身体障害者療護施設，知的障害者更生施設は，増加傾向にある。一方，生活保護施設は，横這いか漸減傾向にある。

　通所施設が急増しているのは，重度の障害児も家庭から通学できるようになり，卒業後も家庭から通える場が必要となるためである。一方，在宅福祉が強調されている現在でも，重度障害者の入所施設が増加している理由は，重度の障害者が単独で地域生活を送るには，在宅での生活支援システムが十分ではなく，家族の介護が困難になれば，施設入所せざるを得ない現状があるためである。

　したがって，今後の課題は，重度の障害者が，単独でも安心して地域生活できる在宅支援システムを構築していくことと，現在の入所施設での生活条件を大幅に改善すること，重度障害者が介護を受けながら，グループホーム等で生活できる条件を整えていくことなどである。

(3) 高齢期の障害者施設

　障害者施設は，前項で解説した成人期の施設をさすのが一般的である。しかし，現在，大きな社会的課題とされている高齢者介護の問題は，高齢障害者の問題であることを認識してもらうために，高齢障害者のための施設を規程している法律と機能別に分類し，表6-5に示した。

　高齢障害者の施設は，ほとんどが2000年4月から施行されている介護保険制度に組み込まれたが，経過措置として2003年4月現在，介護保険法の規程に基づく施設と老人福祉法の規程に基づく施設とに分かれている。機能的には，医療，保健，生活施設が介護保険施設として統合されているのが特徴である。

表6-5 高齢障害者施設の種類と機能

規定している法律 施設の機能	介護保険法	老人福祉法
医療・療養施設	指定介護療養型医療施設 （療養型病床群 　老人性痴呆疾患療養病棟 　介護力強化病院）	
居宅生活復帰・短期入所施設	指定介護老人保健施設 短期入所介護（生活・療養）	老人短期入所施設（ショートステイ）*
入所介護施設	指定介護老人福祉施設 （特別養護老人ホーム） 痴呆対応型共同生活介護 （痴呆性老人グループホーム） 特定施設入所者生活介護 （有料老人ホームへの居宅介護サービス）	特別養護老人ホーム* 養護老人ホーム** ケアハウス*** 軽費老人ホーム***
地域利用施設	通所介護（デイサービス）センター	老人介護支援センター 老人福祉センター 老人デイサービスセンター

* 介護保険制度後も、どうしても介護保険の負担に耐えられない場合は、市町村によって措置されることになった。
** 身体・精神・経済上の困難で家庭生活がむずかしい高齢者の施設であるのでこの中に入れた。養護老人ホームと経済上の理由で入る軽費老人ホームは措置施設のまま残された。
*** 介護保険制度の在宅介護サービスを利用することにより、ある程度身体障害がある人も入所できる。

6-4　社会福祉基礎構造改革と障害者施設

　これまでの障害者施設入所の形態は、国の公的責任による措置によるものが基本であった。措置とは、都道府県知事、市町村長等の措置機関が、国の公的責任に基づいて、社会福祉サービスを必要とする人にサービスを行う行政的な決定のこと(平岡他、1999)である。措置機関は、社会福祉事業法で規定された民間の社会福祉法人にサービス（措置）を委託することができ、この委託措置に要する費用を措置費とよぶ。障害者施設などの社会福祉施設を運営する社会福祉法人は、主に措置費によって運営されてきた。

　しかし、1980年代に入り、「措置の法的な性質は行政庁が一方的に決定を行うという意味で行政処分であるため、利用者の意向や選択が十分に保障されないという問題がある。したがって利用者とサービス提供機関との契約に基づい

てサービスが利用される制度に改めるべきだ」という意見が研究者等から出されるようになった。そして90年代半ばから政府の審議会でもこの問題が取り上げられるようになり、施設利用も含めた社会福祉サービスの利用契約制度への移行が強く推し進められることとなった。この社会福祉サービスを措置制度から利用契約制度へと転換していく一連の改革が社会福祉基礎構造改革と呼ばれ、1990年代後半から2000年代にかけて、急速に行われつつある。

社会福祉基礎構造改革は、措置制度では、①利用者が行政処分の対象者であり、サービス提供者と対等平等の権利主体となれない、②サービスが画一的・硬直的になりやすく、多様なニーズに対応できない、③サービスの選択が保障されない、という根拠ですすめられている。一方でその改革に対して、①国や地方自治体の公的責任の縮小と公的費用負担の削減が目的である、②経済的弱者の費用負担が非常に重くなる、③企業も参入する競争原理は、福祉サービスの形骸化につながる危険がある、④措置制度でも、サービスを提供する資源に余裕があれば利用者の選択は可能である、などの批判があり、「措置か契約か」ということで議論があった。しかし十分議論が深まらないまま、具体的改革が先行しているのが現状である。

実際には、利用契約制度に基づく介護保険法が1997年に成立し、2000年4月から介護保険制度が実施されている。また、同じく1997年の児童福祉法の改正により、保育所の措置は「保育の実施」という方式に切り替えられ、選択利用施設となった。

さらに、2000年に社会福祉事業法が改正され、社会福祉法となり、2001年4月から施行されている。これに伴い、要保護児童が利用する児童福祉施設を除いた障害児者施設が、2003年度から支援費支給制度という新たな利用契約制度へと移行することになった。

6-5 障害者福祉サービスと支援費支給制度

2003年4月から本格的に実施されることになった支援費支給制度は、図6-3のように利用者が市町村に支援費支給申請を行うと、市町村は、申請をした障害者の障害の種類・程度や介護者の状況など、厚生労働省令で定める事項を勘案して支援費支給の要否を決定する。支援費は、「施設訓練等支援費」と「居宅生活支援費」に分けられ、支給内容が決定される。

決定される支給内容は、施設訓練支援の場合、①支援の種類(利用する施設の種類)、②支給期間(上限は3年＋支給決定を受けた日からその月の末日まで

【事業費補助方式】

```
                          市 町 村
                         ↗       ↘
                    ④ 補助申請   ⑤ 事業費補助
                       ↗           ↘
   利 用 者 ←① 契約締結→ 事 業 者
           ←② サービスの提供→
           →③ 利用料金の支払→
```

⇩ 現行のまま

【措置制度】

```
                    措置権者
                   ↗   ↑   ↘
              ① 相談  ③ 措置委託
              ② 措置  ④ 受託
              ⑦ 費用徴収 ⑤ 措置委託費
                ↓           ↘
           対象者 ←⑥ サービスの提供― 受託事業者
```

⇩

【支援費支給方式】

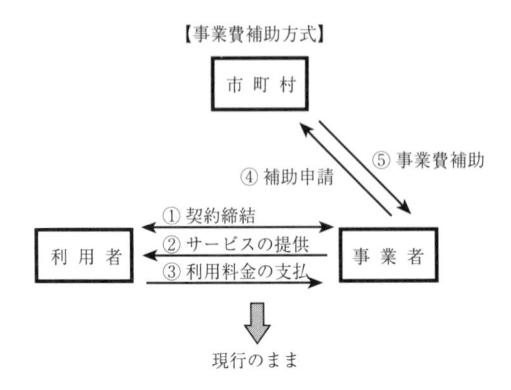

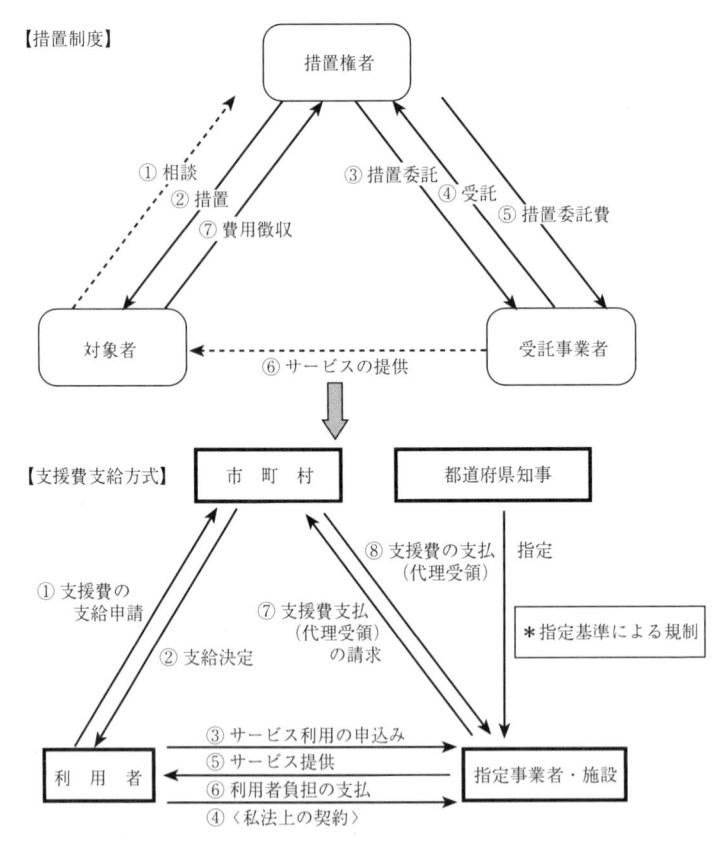

```
    市 町 村              都道府県知事
     ↑ ↓                    ↓ 指定
  ① 支援費の   ⑧ 支援費の支払
     支給申請    (代理受領)
  ② 支給決定   ⑦ 支援費支払        *指定基準による規制
               (代理受領)
                の請求
     ↓                          ↓
   利用者 ―③ サービス利用の申込み→ 指定事業者・施設
         ←⑤ サービス提供―
         ―⑥ 利用者負担の支払→
         ④〈私法上の契約〉
```

図 6-3 措置制度の支援費支給方式への転換(概念図)
(厚生省公表資料を一部改変して作成)

の期間)，障害程度区分(3区分)，③利用者負担額(本人の収入に基づく応能負担)が決定される。また居宅生活支援費の場合は，支援の種類，支給量，支給期間(居宅介護，短期入所，デイサービスは，1か月単位で上限1年，グループホームは上限3年)，利用者負担額が決定される。

　支給決定がなされると，利用者は，指定事業者・施設と直接契約し，サービスの受給と引き替えに利用者負担額を直接支払う。そして，指定事業者・施設は，市町村に対して支援費支払いの請求を行い，市町村から支援費を代理受領する。

　なお障害児施設は，措置制度のまま残された。事業費補助制度で運用されていた施設も，これまでどおり補助金支給方式のままの運用である。また支援費支給制度に移行した施設でもやむを得ない理由で支援費制度を利用することが困難な場合は，措置制度を運用することができることとなっている。したがって障害児者の施設は，種類によって措置，支援費支給，事業費補助という3種類の制度によって運用されることとなった。2003年度以降の主な障害児・者関係の福祉サービス提供方式は，表6-6のとおりである。

　措置制度と支援費支給制度との大きな違いは，措置制度での措置権者である国および地方自治体の役割は，公的責任において対象者の必要なニーズを把握し，措置委託により支援やサービスを直接提供することにある。これに対し支援費支給制度では，国や地方自治体の役割は，利用者の申請に基づく支給内容の決定，指定事業者・施設の指定，利用者が直接契約するための情報提供，ケアマネジメント，および指定事業者・施設への支援費の支給であり，支援やサービス提供には直接かかわらない間接的な役割である点である。

　また支援費支給制度は，利用者がサービス提供事業者と直接契約するという点で介護保険制度に似ているが，介護保険制度と異なる点は，次のとおりである。①介護保険制度では，40歳以上の国民すべてが，被保険者となり介護保険料を支払っているが，支援費支給制度では，支援費がすべて税金によって運用される。②介護保険制度では，要介護認定を受けると，認定の範囲内でケアマネジャーによるケアマネジメントにより，利用者が支給内容を決定するが，支援費支給制度の場合，ケアマネジャーは制度として位置づけられておらず，認定されるサービスごとの障害区分に応じて市町村がサービス支給量，支給内容を決定する。③介護保険制度では，サービスの自己負担は，サービス支給額に応じて1割を負担する応益負担方式であるが，支援費支給制度では，サービス支給額と本人の収入によって負担額が決まる応能負担方式である。

表6-6 2003年度以降の主な障害児・者関係福祉サービス提供方式一覧

法律	サービス名		方式
児童福祉法	施設サービス	知的障害児施設 知的障害児通園施設 盲ろうあ児施設 肢体不自由児施設 重症心身障害児施設	措置
	居宅サービス	児童居宅介護等事業(ホームヘルプサービス) 児童デイサービス事業 児童短期入所事業(ショートステイ)	支援費 (居宅生活 支援費)
身体障害者福祉法	施設サービス	身体障害者更生施設 身体障害者療護施設 身体障害者授産施設	支援費 (施設訓練等 支援費)
		身体障害者小規模通所授産施設 身体障害者福祉工場 身体障害者福祉ホーム 身体障害者福祉センター 視聴覚障害者情報提供施設	事業費補助
	居宅サービス	身体障害者居宅介護等事業(ホームヘルプサービス) 身体障害者デイサービス事業 身体障害者短期入所事業(ショートステイ)	支援費 (居宅生活 支援費)
知的障害者福祉法	施設サービス	知的障害者更生施設 知的障害者授産施設 知的障害者通勤寮 知的障害者小規模通所授産施設 知的障害者福祉工場	支援費 (施設訓練等 支援費)
		知的障害者福祉ホーム	事業費補助
	居宅サービス	知的障害者居宅介護等事業(ホームヘルプサービス) 知的障害者デイサービス事業 知的障害者短期入所事業(ショートステイ) 知的障害者地域生活援助事業(グループホーム)	支援費 (居宅生活 支援費)
精神保健福祉法	施設サービス	精神障害者生活訓練施設 精神障害者授産施設 精神障害者福祉ホーム 精神障害者福祉工場 精神障害者地域生活支援センター	事業費補助
	居宅サービス	精神障害者居宅介護等事業(ホームヘルプサービス) 精神障害者短期入所事業(ショートステイ) 精神障害者地域生活援助事業(グループホーム)	

6-5 障害者福祉サービスと支援費支給制度

　支援費支給制度の開始により，成人期の障害者施設および障害児も含めた在宅福祉制度が措置制度から利用契約制度に移行したわけであるが，現状では次のような課題が，残されている。

　(1)　選択するに足る資源が十分整備されていない。

　きょうされんが，2002年12月に全国約3300市町村に対し行った「障害者のための社会資源の設置状況等についての調査結果」によると，支援費21事業が1つもない市町村が15％，デイサービスがない市町村が87％，グループホームがない市町村が73％もあった。したがって，障害者が選択して利用できる社会資源の充実が緊急の課題である。

　(2)　障害者が必要なサービスを利用する計画づくりを支援するケアマネジメント事業が制度化されていない。

　介護保険制度では，高齢障害者が必要なサービスの利用計画であるケアプランを立てる際にケアマネジャーが支援するというケアマネジメント事業が制度化されているが，支援費支給制度では，制度化されなかった。厚生労働省もケアマネジメントの重要性は認めつつ，相談支援事業者や支援事業者がケアマネジメントを行うことを想定している。しかし，相談支援事業や支援事業者によってケアマネジメントできる障害者の数は限られており，かなりの障害者やその家族があらかじめ，サービスを1か月にどのくらい使いたいのか申請前に決めておかないと申請しにくいしくみとなっている。したがって，利用申請の前にケアマネジメントを誰もが利用できるような制度にしていくことも課題である。

　(3)　支援費を決める支援費単価区分の判定基準があいまいで，個人のニーズに対する必要なサービス量を反映したものになっていない。

　支援費を決める支援費単価区分は，障害の種類や程度，日常生活動作，行動障害の状況，コミュニケーションスキルの状況，家族介護の状況などについて，市町村の担当者がサービスの内容ごとに聞き取りを行って決定する仕組みとなっている。国の基準は抽象的な判断基準であるので，区分の認定を客観化するためには市町村が独自に基準のガイドラインを作成する必要がある。しかしその基準は市町村によって異なるだけでなく，その基準が作成されていない市町村も多い。

　支援費支給制度が開始された2003年4月の時点では，その支援費支給決定および決定区分は，それ以前に障害者が利用していたサービスを追認するものがほとんどで，障害者個人の真のニーズを必ずしも反映したものになっていない状況である。したがって，社会資源のいっそうの充実をはかった上で，利用者の真のニーズをより反映する基準にしていくことが課題である。

　(4)　社会福祉法人収入の一部減収により，経営上の困難，職員の労働条件の低下が起こる場合がある。

　厚生労働省は，措置制度の水準を維持するとしてきたが，民間社会福祉施設の給与改善費などが廃止されたり，定員規模による単価設定の区分を3段階のみのおお

まかな区分にしたり,「重度」類型の加算を廃止したりしたことにより,次のような問題がおこることが明らかになった。①職員の給与水準を一部引き下げないと経営が困難となる。②小規模施設定員から中規模施設定員になった場合,一部に支援費総額の逆転現象がおこる。③重度障害者の比重が高い施設に大幅な減収がおこることが予想される。(この問題については,関係者の強い要望により,3障害重複の場合の加算が追加された。)

これらの課題については,実際に支援費支給制度を運用していくなかで,実態を具体的に明らかにしつつ,改善していく必要があると思われる。

(5) 障害児通園(デイサービス)事業が支援費支給制度に移行したことにより,利用が困難となり,運営もむずかしくなった。

低年齢の障害児の場合,親の障害受容が十分でない場合やはっきりとした診断がつけにくい場合も多いため,居宅生活支援費の申請を行い,支給量を決定すること自体に難しさがある。これまでのように保健師や職員の判断で柔軟に利用を受け入れられなくなり,早期対応が困難になった。また,運営上も事務職員も配置されていないなかで毎月の支援費支給の申請手続きも困難である。

この事業の支援費支給制度への移行については,関係者の反対が強かった。今後,障害児の早期発見・早期対応のニーズに応えられるシステムに改善していく必要があると思われる。

このようなさまざまな課題を残しつつも,2003年4月から障害者の支援費支給制度が開始された。政府としては,今後この制度を介護保険制度と統合させたい意向があるようであるが,そのためには,次のようなハードルがあるのではないかと言われている。①障害者の制度を介護保険で支えていくためには,保険料を値上げするか保険料支払い年齢を引き下げる必要がある。②社会資源が非常に不足しているため,これを充実させないと高齢者サービス以上に地域格差が生じてしまう。③介護保険制度では,サービス支給に応じて利用者の収入に関係なく(一部減免制度が設けられている場合もある)1割負担を課す応益負担方式であるが,障害者の場合収入が少ない場合も多く,この応益負担に耐えられない場合が高齢者以上に多い。④介護保険制度の介護認定では,認定された枠内でのサービスしか受けられないが,サービス支給量に枠が課せられると自立生活できなくなる重度障害者があり,支給の上限の枠をどうするかが問題となる。

介護保険制度が5年目を迎える2004年には,その見直しが行われることになっているが,その時点で支援費支給制度も含めた障害者の福祉制度をどのような方向にもっていくのかが,再び議論される可能性がある。

介護保険制度にしろ,支援費支給制度にしろ,国の財政的負担を軽減するこ

とが制度転換の背景にあると思われるが，サービス支給に対する自己負担と引き替えに獲得した利用者として権利を最大限行使するとともに，より利用しやすく，必要な社会資源が整えられるよう，具体的な事実や実態を示しつつ，関係者が連帯して，国や自治体に働きかけたり，サービスや支援システムをそれぞれの地域で自らつくっていくことが，今後ますます求められると思われる。

6-6 利用者へのサービスの質の確保と権利擁護

　利用者へのサービスの質の確保については，これまでは，措置権者である地方公共団体の監督のもとに，それぞれの施設での独自の研修や努力に負うところが大きかった。しかし利用者とサービス提供者との直接契約というあり方が浮上するとともに，利用者とサービス提供者との契約にもとづく対等平等性を確保するために，利用者の権利擁護のための施策がつぎつぎに打ち出されてきている。

　利用契約制度では，利用者，家族が自己責任でサービスの利用を選択することがたてまえであるが，利用者の心身の状態や障害特性により，情報を得にくかったり，意思決定が困難で独自の選択が事実上難しい人々がいる。そこで，本人の市民的権利を剥奪することになるのであまり利用されていなかった禁治産，準禁治産にもとづく成年後見制度を改正して，補助，保佐，後見の制度に改め，意思決定や判断に困難のある人々への身上監護や財産管理を行う新しい成年後見制度が2000年4月から施行されている。そして，成年後見制度を補完する制度として，①福祉サービス利用の情報提供，手続きの援助，②日常的な金銭管理の援助，③重要書類の預かり，管理などのサービスが地域福祉権利擁護事業として社会福祉協議会において1999年10月から開始された。この事業は，2001年4月から施行された社会福祉法では福祉サービス利用援助事業として位置づけられた。さらに児童福祉法での障害児相談支援事業，身体障害者福祉法の身体障害者相談支援事業，知的障害者福祉法の知的障害者相談支援事業などの事業が，第二種社会福祉事業として位置づけられた。

　また福祉サービスに関する不満や苦情は，これまで事業者と当事者の間で処理することが一般的であったが，社会福祉法のもとで，社会福祉事業の経営者に対して苦情の適切な解決への努力義務が明記され，苦情を受け付ける窓口と担当者を置くことが求められるとともに，利用者と事業者のみで解決できない苦情を解決する，第三者による委員会の設置が義務づけられた。

　さらに福祉施設でのサービスの質を確保する取り組みとしては，施設オンブ

ズマン制度が，自主的なとりくみとして行われていたり，自治体の制度として実施されはじめている。また2000年度には総合的なサービスの質を確認する障害児者施設サービス共通評価が旧厚生省などで作成され実施された。そして2001年度からは，厚生労働省により，福祉サービスにおける第三者評価事業が実施されることになった。これは，事業者の提供するサービスの質を当事者以外の公正・中立な第三者機関が，専門的かつ客観的な立場から評価する事業で，そのしくみの全体像は，図6-4に示したとおりである。

このように，社会福祉施設が措置制度から利用契約制度へ移行するにあたって，サービスの質を確保し，利用者の権利擁護を行う制度が重層的に整えられてきている。しかし，現実にはこれらの制度を運用する予算措置が十分に講じられていないため，それを担う人材確保が非常に不十分であること，権利擁護

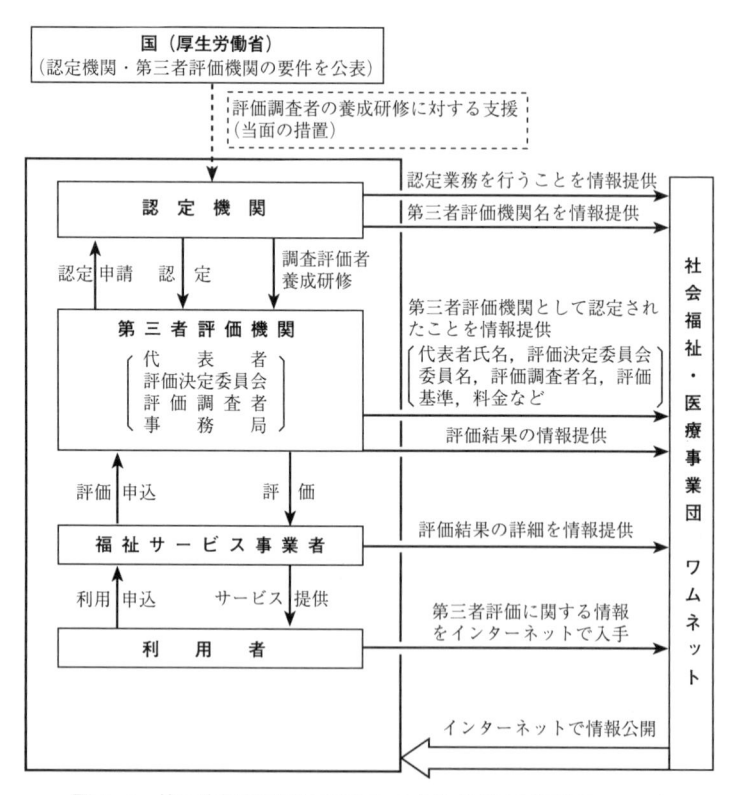

図6-4　第三者評価事業の仕組みの全体像(厚生労働省，2001)

の事業は，利用者の自己負担がかなり必要で低所得者には利用が困難であること，福祉制度自体の不備による不満や苦情を処理するには第三者委員会には限界があるなど，今後解決していくべき課題も残されている。

6-7　施設機能の変化と今後の課題

　障害者施設を含めた社会福祉施設は当初，心身の障害，家族関係，経済的事情などの理由で，家庭や地域で生活できない人を保護収容する入所施設が中心であった。しかし，1957年に知的障害児通園施設が制度化され，家族と生活をともにしながら専門的サービスを受けたいというニーズが急速に高まっていった。そして1969年に肢体不自由児通園施設，1975年に難聴幼児通園施設など障害児の通園施設がつぎつぎに制度化された。

　また，1970年代半ば頃から，「収容の場から生活の場へ」という社会福祉施設の見直しが始まり，1981年の国際障害者年により，ノーマライゼーションの理念が急速に浸透していくなかで，「地域でのあたりまえの生活」を保障する機運が急速に高まり，在宅福祉が強調されるようになっていった。同時期の1979年には，養護学校義務制が施行され，家庭から学校に通う障害児が急増することになった。これに伴い，それまで学校へ通えない学齢期の子どもを多く受け入れていた知的障害児通園施設などが，就学前の通園施設へと転換することになった。そして学校卒業後も障害者を家庭から通所させたいというニーズが次第に高まり，通所型の障害者施設が急増することになった。しかも，障害者施設の絶対的不足から，親や関係者の努力によって小規模作業所づくりも同時に全国的に広がっていった。

　今回の社会福祉法により，社会福祉法人の設立要件が緩和され，資産要件も約1億円から1千万円へと大幅に引き下げられた。同時に，障害者の通所授産施設の規模要件が20人以上から10人以上に引き下げられた。このことにより，小規模作業所のなかで，社会福祉法人として認可される施設が急増することが予想される。

　一方，生活施設では，1971年に知的障害者通勤寮，1979年に知的障害者福祉ホームが制度化され，従来の中・大規模な施設から，小規模地域居住施設への社会の指向が高まった。そして，1989年には精神薄弱者地域生活援助事業（現，知的障害者地域生活援助事業）という名称でわが国ではじめてグループホームが制度化され，急速に広まっていった。2001年度，国の制度によるものが2,525か所設置されている。このほかに地方自治体の補助金による生活

寮・生活ホームもあり，合わせると約3,000か所（想定入居者数13,000人）のグループホームがあると思われる（『発達障害白書2003』）。

また，1992年には精神障害者地域生活援助事業により精神障害者グループホームが，1997年には，痴呆対応型共同生活援助事業として痴呆性高齢者のグループホームが制度化された。痴呆性高齢者のグループホームは，2000年4月から施行された介護保険制度では，痴呆対応型共同生活介護として居宅介護サービスのメニューとして制度化された。いわゆるゴールドプラン21において政府は，この痴呆性高齢者グループホームを2004年までに3,200か所に増やすという目標を掲げている。

さらに入所施設は，ショートステイサービスやデイサービス事業などの地域サービス機能を併設するようになり，地域開放型の施設へと施設のあり方を転換させつつある。そして，身体障害者療護施設や肢体不自由児施設，重症心身障害児施設などの医療機能やリハビリテーション機能，入浴介護などの重介護機能を地域に開放し，地域の人々がその機能を利用するというあり方も広がっている。

また，障害児の療育を目的とする施設には，心理職，言語聴覚士，理学療法士，作業療法士などの専門職が配置されており，保育士や指導員と協力して療育をすすめている。その療育における専門性を活かして，地域の保育所や幼稚園の障害児に対する巡回相談事業を実施したり，保育所と障害児通園施設を並行利用して療育にあたるなどのあり方もすすんでいる。さらに，障害別の障害児通園施設においては，本来の機能を失わない範囲で障害種別の混合利用も行われている。

このように，障害児者施設は，従来のあり方から，小規模化，多機能化，地域開放化がすすみつつある。しかし現状では，これらの障害児者施設は，地域に偏在しているという問題がある。今後はどの地域でも障害児者が生涯にわたって安心して豊かに暮らせるよう，施設や機関と住民・利用者が連携し，地域ネットワークを形成しつつ，住民主体の支援システムを発展させていく必要があると思われる。

研究課題

1. 地域の知的障害者の通所する授産施設と更生施設のそれぞれを訪れて，活動内容と日課を整理しなさい。また整理したものと知的障害者福祉法での授産施設と更生施設についての規定を比較しなさい。

2. 地域の障害者施設を複数訪れて,福祉の制度が措置制度から支援費制度になったことで,何がかわったかを聴き取り調査しなさい。
3. 北欧諸国やヨーロッパ,米国などの障害者施設について,文献で調べてみよう。

引用・参考文献

浅井恵一・峰島厚編　2000　『子どもの福祉と施設養護』(「子どもの権利条約」時代の児童福祉) ミネルヴァ書房, p.67
小笠原祐次編　2001　『老人福祉論』(新・セミナー介護福祉 2) ミネルヴァ書房
小笠原祐次・福島一雄・小國英夫編　1999　『社会福祉施設』(これからの社会福祉 7) 有斐閣
厚生省編　2000　『平成11年　社会福祉施設等調査報告』厚生統計協会
厚生労働省　2001　「福祉サービスにおける第三者評価事業に関する報告書」
定藤丈弘・佐藤久夫・北野誠一編　1996　『現代の障害者福祉』(これからの社会福祉 5) 有斐閣
下田正編　1999　『実践児童福祉論』中央法規
全国障害者問題研究会編　2003　『障害者問題研究』Vol.30, No.40
高橋実　1990　「明日の生活共同体をめざして―北海道伊達市の場合①」みんなのねがい, No.269, pp.66-72, 全障研出版部
内閣府編　2002　『平成14年版　障害者白書』大蔵省印刷局
日本知的障害福祉連盟編　2002　『発達障害白書2003』日本文化科学社
秦安雄・鈴木勉・峰島厚編　1998　『障害者福祉学』(講座　発達保障 3) 全障研出版部
平岡公一・平野隆之・副田あけみ編　1999　『社会福祉キーワード』有斐閣, p.110

■障害者の人権擁護システム

　障害者に対する人権侵害がよく起きる。それに対して，人権擁護のシステムの必要性が早くから指摘されてきた。障害者の地域生活がすすむとともに，人権擁護システムの必要性が認識されて，少しずつ整備されだしている。

(1) 「権利擁護センターすてっぷ」など

　社会福祉法人・東京都社会福祉協議会は，東京都の補助を受けて，「東京都精神薄弱(知的障害)者・痴呆性高齢者権利擁護センター」(愛称・権利擁護センターすてっぷ) を 1991 年に開設する。同センターは，意思能力が十分でないため，自らの財産・身上監護に関する権利を行使することが困難な知的障害者や痴呆性高齢者が安心して地域生活を送れるようにすることを目指し，彼(女)らを代弁したり援助することを目的として設置される。同センターは，具体的には，相続，財産，契約，婚姻などの法律相談，財産管理に関する財産管理相談，体罰・虐待・いじめなどの日常生活全般に関する相談から構成される「専門相談」，専門相談での事実の確認や問題の確認のための「調査活動」，権利侵害への援助，一人暮らしの知的障害者の相談にのったりトラブルが起こっていないかを見守る生活アシスタントを紹介するなどの日常生活への援助，預貯金の通帳等の管理など財産の安全な管理を含む「援助」，関係者・関係団体を対象としたセミナーや研修会などを含む「啓発活動」を業務としている。同センターの開設以後，地方自治体の中には，同種のセンターを開設するようになる。たとえば，1997 年に開設された大阪府社会福祉協議会の大阪後見支援センター(愛称・あいあいねっと)などがある。また地方自治体での「権利擁護センター」とは別に，近年では，障害者や子どもの権利擁護を目的として，市民などを主体とした「福祉オンブズマン」が各地に活躍するようになる。福祉施設の中には，独自にオンブズマン制度を設け弁護士や学識経験者に活動を依頼しているところもある。オンブズマン制度は，北欧に淵源をもち，住民の行政に対する苦情を聞き，行政に改善を勧告する制度のことである。

(2) 社会福祉法による人権擁護システム

　地方自治体での「権利擁護センター」や「福祉(市民)オンブズマン」の動向に影響されながら，厚生省(現・厚生労働省)は，1999 年 9 月に「地域福祉権利援護事業」を立ち上げる。同事業は，都道府県の社会福祉協議会が運営主体になって，痴呆性高齢者，知的障害者，精神障害者などが「地域生活を送れるよう福祉サービスの利用援助を行うこと」を目指すものであった。
　同事業は，2000 年 4 月の社会福祉事業法の改定により，「福祉サービス利用援助事業」として名称をかえて社会福祉法の中で制度化される。これは，第 2 種社会福祉事業であるため，知事への届出で，だれもが事業を実施できるものである。具体的には，福祉サービスの利用にあたっての手続きや利用料の支払い，苦情解決制度の利用手続きなどの助言・相談，代行，代理などであり，実施主体の判断で，日常的な金銭管理，書類等の預かりなども行うこともある。
　「福祉サービス利用援助事業」は，福祉サービスの利用が「措置」から「契

約」に改革されることにともなって，判断能力の不十分な人たちの契約を支援することを主意としているといえる。こうした福祉サービスの利用の援助ではなく，福祉サービスの利用に伴う苦情処理のシステムが成立してきている。社会福祉法の規定により，「社会福祉経営者は，利用者等からの苦情の適切な解決につとめなければならない」とされ，苦情受付けの窓口を設定することとされている。また福祉施設経営者の適切な苦情解決がなされないときには，都道府県社会福祉協議会に設置される「運営適正化委員会」にも申立てできるような制度ができている。

こうした苦情解決のシステムとは別に，福祉サービスを提供する福祉施設が障害者の人権に最大限の配慮をしたサービスを提供するために，職場内に倫理委員会を設置し，倫理綱領などを制定して，サービス提供が人権侵害にならないようにする取り組みなども生まれてきている。

(3) 成人後見制度の成立 (2000年4月施行)

社会の急速な高齢化の進行とともに要介護高齢者が増加した一方で，家族による高齢者介護力が核家族化などにより低下したことで，一人暮らしの要介護高齢者が増加してきた。こうした社会変化の中で，要介護高齢者が，いかにして，必要な支援を受けながら，契約社会の中で自己決定を尊重されながら暮らしを続けることができるかという課題が浮上した。この課題は要介護支援高齢者の問題にとどまるものでなく，知的障害者など，判断能力や意思能力が十分といえない障害者の直面していた問題でもあった。多くの障害者が，要介護高齢者であるか否かに関係なく，契約社会である市民社会で生活する度合いを強め，金銭処理などが日常生活のルーティンとなるとともに，必要な支援を受けながら自己決定を尊重されたまま地域での契約生活をおくることを可能にする法的保護を求めたのである。

契約社会を律している法律は民法である。そこには，準禁治産，禁治産宣言制度の規定が存在し，自己の行為の結果について判断する能力である意思能力の不十分な者を，常に心神喪失の状態にある禁治産者と，心神耗弱の状態にある準禁治産者に区分し，前者については，裁判所の決定で財産管理能力がない者として後見人をつけ，後見人が本人の療護看護と財産管理などを行うものであり，後者については，保佐人をつけて重要な財産上の行為には保佐人の同意を必要とする制度であった。これらは，ともに，官報などに公告するとともに戸籍に記入し，後見人または保佐人が指名されるものであった。

こうした規定は，①「戸籍が汚れる」ことに心理的な抵抗がある，②心身喪失・心身耗弱の判定が厳格で高齢社会になっている現実の社会状況に適合しない，③禁治産者は選挙権や被選挙権まで失うので妥当でない，④要介護者というよりも取り引きなどの安全を保護することで社会秩序の保全が優先的に考えられたものである，⑤施設で生活している障害者など要介護者の場合，施設長が申立て権をもたないため要介護者の財産管理に支障をきたす，などが指摘され改正が求められたのである。

改正民法は1999年に成立し2000年4月に施行された。同改正では，契約社

会を前提として「自己決定の尊重」と「残存能力の活用」を視点にして，次のような改正が行われた。

①禁治産・準禁治産の制度が「後見」「保佐」「補助」の制度に改まった。

②本人の同意のもとで，特定の法律行為（日常生活に関する行為は除く）に関して補助人をつけ，軽度の痴呆・知的障害・精神障害などを代理権または同意権により保護しようと「補助人制度」が新設された。

③保護が必要になる前に，本人があらかじめ自分の意志で任意後見人を選任しておく「任意後見制度」が創設された。

④戸籍への記載をしないで，「成年後見登記制度」が創設された。

7 所得保障

7-1 はじめに

　本章の課題の一つは，わが国の現行所得保障制度の根底にある政策「論理」をナショナル・ミニマムという原理に照らして検討し，所得保障制度の改革を求めて提訴された争訟事件を，憲法25条の生存権規定から，すなわちナショナル・ミニマムの確立という視点から考察することにある。つまり，所得保障制度を貫く原理を明らかにすることに目的があるのであり，これが明瞭になれば，制度改革にあたっての基本的視座も与えられると考えるからである。

　本章ではさらに，所得保障制度と人間発達の関連の検討も課題としている。その理由は，ナショナル・ミニマム原理にもとづく所得保障制度が確立したとしても，給付された年金や手当，扶助を受給者が，生活の必要に応じて活用できるとは自動的に考えられないからである。たとえば，知的障害や老人性痴呆，あるいはアルコールや薬物依存などにより，精神的な発達に遅滞や障害をもっている人のことを思い浮かべればわかるように，給付金を自らの生活維持のために合理的・計画的に使用できているとはいえないからである。自己決定能力に制約ある人々を含めて，所得保障制度の給付をどのように活かすかを検討することが，もう一つの課題となる。

7-2 わが国における所得保障制度の問題点

　障害者の所得保障制度のあり方については，障害者の人間としての尊厳を保ち，自由や権利を平等に享受し，同年齢の市民と同等の生活を営むことを可能にする水準でなければならない。国連の総会決議「国際障害者年行動計画」(1980年)では，「障害者は，その社会の他の異なったニーズをもつ特別な集団と考えられるべきではなく，その通常の人間的なニーズを満たすのに特別の困難をもつ普通の市民と考えられるべきなのである」と障害者を規定しているが，これに依拠して所得保障制度の目的を述べるならば，障害者の所得＝生活

維持にかかわる「特別の困難」を解消することに役割を見出せるといえよう。

しかし，わが国の所得保障制度の現状は，障害者の尊厳を守り，「特別の困難」を解消する方向にあるのであろうか。結論からいえば否といわざるを得ず，国家責任で所得保障を行うのは生活保護制度に限定し，年金・手当については絶対基準をもたず，生活の相対的安定に資する水準であればよいという政策論理にあると考えられる。現在の所得保障政策の枠組みを論理づけたのは，堀木訴訟における国側の主張とこれを追認した第二審大阪高裁判決(1975年)にあると推測される。堀木訴訟の争点・経過等については，7-5節で紹介するのでそれを参照してもらうとして，以下，大阪高裁判決の要旨を引用する。

第1は，憲法25条の法的性格の解釈に関する点である。同条は1項で「すべて国民は，健康で文化的な最低限度の生活を営む権利を有する」，2項では「国は，すべての生活部面について，社会福祉，社会保障及び公衆衛生の向上及び増進に努めなければならない」と国民の「健康で文化的な最低限度の生活を営む権利」(生存権)とこれに対応する「国の社会保障義務」を明確に規定しているにもかかわらず，第二審判決では朝日訴訟(後述)最高裁判決と同様に，生存権はあくまで政策目標を示したものに過ぎず，国民はこの規定によって権利行使をできるものではないとする，いわゆるプログラム規定説に立っている。

第2は，従来の学説や判例に見出すことができない，憲法25条1・2項の「分離・分断論」といわれる特異な「論理」である。第二審判決は，社会保障制度を憲法25条の1項に属するものと2項に属するものに区別できると述べ，1項にあたるものは「救貧施策」としての生活保護法であり，2項は「防貧施策」として生活保護法以外の社会保障立法が該当するとし，後者の水準は「国民の生活水準の相対的な向上に寄与するものであれば足り」「財政との関連においてできる限りの努力をすればよい」のであり，運用や水準の決定は「立法府(国会)の裁量に委ねられている」としている。

こうして，「国民の生存権とその保障義務を負う国家」の関係を示したこの条文を分断解釈しただけでなく，2項にもとづくという生活保護法以外の社会保障立法をさらに，拠出によるもの(保険料を納付するもの)と無拠出(保険料の納付を要件とせず，公費で負担する制度)に分け，堀木訴訟で争点となった児童扶養手当や福祉年金のような無拠出制の給付の併給については，「限られた財源のなかでは併給を禁止することによって浮いた財源を他にまわせばよい」と強弁している。

ところで，この判決において1項によるとしている生活保護の水準については，朝日訴訟最高裁判決を引用して，保護基準の設定は厚生大臣の自由裁量（行政裁量）であるとしているので，結局のところ国民の生存権は雲散霧消し，生活保護や年金・手当などの社会保障制度の運用や水準のあり方は，国と国会のさじ加減次第となってしまったのである。

この判決を所得保障制度に置き直して説明すると，第1のグループは生活保護制度となり，これは国家責任で保障しなければならないが，その基準額の決定にあたって厚生大臣は，憲法25条に拘束されることなくフリーハンドで決定できるというのである。第2のグループに属するのは，保険料の納付を要件とする社会保障制度，すなわち拠出制年金などの社会保険制度であり，この水準は「国民の生活水準の相対的な向上に寄与するものであれば足り」「財政との関連においてできる限りの努力をすればよい」のであって，国会にその決定権が与えられているとする。第3のグループは無拠出制の年金や手当などであり，その水準や裁量権については第2グループの制度と同様であるが，第2グループと比べればより強く財源制約が働くので，低水準でも受給制限を加えても問題とはならないとされている。

以上みてきた堀木訴訟第二審判決の「論理」の最大の欠陥は，障害者が人間としての尊厳を保持できるよう，生活の維持＝所得における「特別の困難」を解消するという視点がまったく欠落し，憲法25条の明瞭な文言にもかかわらず生存権の実現を将来の課題に先送りし，所得保障制度の水準を国家財政の従属変数にした点にある。しかも，生活保護制度が名目的にせよそれがありさえすれば，年金や手当については低水準であっても，理不尽な受給制限をいくら加えようと憲法違反は生じないということになるのである。この判決の「論理」は，1980年代からの第二次臨時行政調査会の「行政改革」においても，そして現在推進されている「社会保障構造改革」においても継承されており，現在の所得保障政策の基調となっているのである。

7-3 所得保障制度とナショナル・ミニマム
(1) ナショナル・ミニマムとは何か

このような所得保障政策は，国際基準からみても相容れないというべきであり，転換が要請されているが，その原理を何に求めるべきであろうか。社会保障制度の形成の過程で，制度の推進と発展を導いた原理・思想を見出すとすれば，ナショナル・ミニマムということになるので以下，その内容を紹介する。

ナショナル・ミニマムを文字どおり訳すなら,「国民的最低限」となる。ロブソン(Robson, W.A.)は,「国家がソーシャルサービスや最低賃金立法,社会保険および政府の施策などによって,生存,医療,教育,住宅,栄養などの最低基準を定め,最悪の貧困原因を除去すべきだという原則」(『福祉国家と福祉社会』,辻・星野訳)であると規定している。わが国においては,憲法25条の1項でいう「健康で文化的な最低限度の生活」がナショナル・ミニマムと考えてよいであろう。誤解を避けるために一言すると,憲法でいう「最低限度」とは the lowest ではなく minimum standard の意味であり,「健康で文化的な」という修飾語があることからも明らかなように,生存ぎりぎりの劣悪な水準でかまわないということではないのである。したがって,ナショナル・ミニマムとは絶対的な意味での基準ではなく,各国のそれぞれの時代における国民生活標準と関連しており,その内容も水準も国により時代により変化する社会的・歴史的概念といえる。

こうした「国民的最低限」をすべての国民に,どんな場合にも保障しようというのが,ナショナル・ミニマムの考えなのである。つまり,国民のなかにこの基準に満たない者がいる場合,それを貧困状態にあるとして,その最低限までの生活を国家が保障する義務があるということになる。これが完全に履行されれば,国民の間から貧困をなくすことができるわけである。

しかしわが国では,生活保護基準をめぐって争われた朝日訴訟最高裁判決以来,堀木訴訟の高裁および最高裁判決も含め,憲法25条の生存権規定でさえ国の努力目標にすぎないと解釈され,国家責任で国民のナショナル・ミニマムの権利を認めていないのが現状である。あるのはナショナル・ミニマムではなく,中央行政庁と政権党の主導による財源の政治的分配にもとづく行政基準にほかならないというべきである。

(2) ナショナル・ミニマム論の展開

ところで,ナショナル・ミニマムという概念を初めて提唱したのは,ウェッブ夫妻(Webb, Sidney and Beatrice)であった。彼らがなぜこのような考え方を提案したのかといえば,19世紀後半のイギリス社会に広汎に存在していた,劣悪な労働条件の下にあった苦汗産業を廃止するという人道目的にあったのであり,そこに働く大量の未組織労働貧民の労働環境・賃金の「共通規則(Common Rule)」設定のための理念としてナショナル・ミニマムを構想したのである。ウェッブ夫妻が掲げたナショナル・ミニマム政策とは,児童労働の

禁止，労働の場における衛生と安全の確保，労働時間の制限，最低賃金法の制定の4点であり，これら労働と生活諸条件の最低基準を設定することで，「労働者の産業上の能率」を維持しようとしたのである。さらに，ウェッブ夫妻は貧困の事後対策よりも予防を強調するとともに，ナショナル・ミニマム政策の対象を労働者だけではなくすべての国民に拡大し，その内容も雇用・労働条件にとどまらず，無拠出制の年金，生計維持，余暇・レクリエーション，保健・医療，教育なども含むものとした（『産業民主制論』）。

その後，ナショナル・ミニマムは，ベヴァリッジ(Beveridge,W.H.)の『社会保険および関連サービス』において社会保障の具体的政策目標とされ，第二次世界大戦後の「揺りかごから墓場まで」といわれたイギリス社会保障の基本原則になった。ベヴァリッジのいう社会保障とは，窮乏に対応する所得保障であって，その給付は生存に必要な最低所得（均一制）を保障するというものであり，その達成のための基本的方法として社会保険を位置づけ，国民扶助（わが国でいう生活保護制度）で補足するとした。

このように，社会保障は窮乏からの解放を最低所得保障によって行うのであるが，留意すべきは，所得保障によってのみ国民の諸必要（ニーズ）がすべて充足できるわけではなく，社会保障の前提として，①児童手当の支給，②病気の予防・治療のための包括的な保健・医療とリハビリテーション，③完全雇用政策を置いたことである。つまり，最低所得保障というナショナル・ミニマムを実現するためには，広汎な社会政策(Social Policies)の実施を前提にしていたということである。

(3) 所得保障政策の転換の論理としてのナショナル・ミニマム

わが国の所得保障政策を転換していく上で，ナショナル・ミニマムの考え方は有効であるし，それは憲法25条の要請にも応える方策であるといえる。転換の方向性としては，「健康で文化的な最低限度の生活」を営むことができる水準に社会保険（拠出制年金）と無拠出制の年金・手当を引き上げることを基本に，こうした年金・手当の網の目からこぼれ落ちた人々には，生活保護制度が補足的に対応する仕組みにすることであろう。しかし，すべての問題を所得保障制度に対応させるのではなく，他の社会保障制度や雇用保障制度などの社会政策(Social Policies)においても，ナショナル・ミニマムを確立することが重要である。

生計費の源泉となる労働からいうならば，「障害者はもっとも遅く雇用され，

もっとも早く解雇される」といわれるような雇用差別を禁止する法的規制を行うとともに，雇用されても最低賃金額を下回る例が多く，これを認めている最低賃金法の適用除外規定を撤廃し，賃金補助策を講ずる必要があろう。また，授産施設や無認可共同作業所に通所する障害者の工賃には最低賃金法が適用されず，劣悪な水準に留めおかれていることから，せめて年金・手当と合わせ最低賃金額を上回るような措置が求められている。

　生活場面でいえば，障害をもたない人と比べ，医療費や介護諸費用を要することから，それらの費用負担が生計の危機につながらないような措置もとるべきである。また，住宅費用についても，一定基準以上の場合には家賃補助を講じることも必要であろう。もとより，これらは非障害者も含め必要なナショナル・ミニマムというべきであり，一般施策へインテグレート(統合)する視点からとらえられるべきである。

　このように，障害者生活における「特別な困難」を解消するためには，生活保護・年金・手当など所得保障制度のミニマム・スタンダードを確立するとともに，その他国民生活にかかわる社会政策においても，最低基準を設定することにより「最悪の貧困原因を除去」する必要がある。そしてまた，多くは家族とともに生活をしているという現実を踏まえ，家族生活におけるナショナル・ミニマムの確立という観点が貫かれなければならない。

　次節からは，所得保障制度におけるナショナル・ミニマムの確立をめぐって争われた朝日訴訟，堀木訴訟の経過と意義を紹介する。

7-4　朝日訴訟──生活保護基準とナショナル・ミニマム

(1) 朝日訴訟の争点と経過

　朝日訴訟の原告である朝日茂さんは，戦前，過労から結核を発病し，国立岡山療養所(現在は国立南岡山病院)で闘病生活を送っていた。退職後，健康保険の給付が切れ，わずかな退職金も尽き施療患者となった。戦後は，生活保護法にもとづく医療扶助と長期療養患者の生活扶助である日用品費を支給され，訴訟前には日用品費月額600円を受給していた。そうしたある日，戦争のため長いあいだ音信が途絶えていた兄から，今後月々1,500円を送金する旨の手紙が届いた。それは福祉事務所が実兄を捜し出し，「扶養義務がある」として送金を命じたからであった。しかし，送金が始まると所轄の福祉事務所長は，1,500円のうち日用品費相当額の600円だけを朝日さんの手元に残し，残りの900円は医療費の一部負担金として国庫に納入せよという決定を下したのであ

7-4 朝日訴訟

る。

せっかくの兄からの送金がまったく活かされず，相変わらず月額600円の療養生活。この年(1956年)の日用品費の内訳をみると，肌着は2年に1着，パンツは年に1着，ちり紙は年12束(1日では3枚半)などの水準であった。「これではとても生きてはゆけない」と，600円の日用品費にせめて栄養補給のために400円の補食費を加えてほしいと岡山県知事，続いて厚生大臣宛に不服申立をしたがいずれも却下されたので，1957年に東京地裁に提訴した。訴訟の主旨は，人間らしい生活とは程遠い水準にある生活保護基準は，憲法第25条の定める生存権に違反するというものであり，かかる保護基準を設定した厚生大臣を被告に行政訴訟を起こしたのである。

訴訟の経過としては，提訴から3年後の1960年，東京地裁は，現行保護基準は「健康で文化的な最低限度の生活を営む権利」を保障している憲法25条の規定に違反するとして，朝日側全面勝訴の判決を下した。その後，厚生大臣の控訴によって舞台は東京高裁に移り，1963年，保護基準額について「すこぶる低きに失する」「いかにも低額である」とその低さは認めながらも，結論部分では「未だ違法とまでは断定できない」として逆転敗訴。朝日側はただちに最高裁に上告したが，朝日さんの病状が悪化し1964年に逝去。その後は，養子夫妻が訴訟を継続したが，1967年に敗訴判決が出され，訴訟としては終結した。

(2) 生活保護基準とナショナル・ミニマム

ナショナル・ミニマムの確立という観点から朝日訴訟の経過を振り返ると，国側の主張とこれを追認した最高裁判決は，憲法25条の規定は「国の責務として宣言したにとどまり，直接個々に国民に対して具体的権利を付与したものではない」という，いわゆるプログラム規定説の立場から，国の最低生活保障義務を回避している。

最高裁判決との対比で注目されるのは，第一審東京地裁判決である。同判決は，自由権的基本的人権が「国家権力の排除」によって保障されるのに対し，憲法25条に規定された生存権的基本的人権は，「国家の積極的な関与」によって国民の「人間に値する生存」を保障することに趣旨があると述べ，最低生活の基準について，憲法25条にいう「『健康で文化的な』とは決してたんなる修飾ではなく，その概念にふさわしい内実を有するものでなければならない」とし，それを担保する財源に関しても「予算の有無によって決定されるものでは

なく，むしろこれを指導支配すべきもの」と財政のあり方について明快に示している（『朝日訴訟運動史』参照）。

7-5　堀木訴訟——無拠出制の年金・手当の併給とナショナル・ミニマム
(1)　堀木訴訟の争点と経過

「私は目の見えない障害者で，離婚後女手ひとつで子どもを育ててきましたが，離別母子世帯の子どもに出されるという児童扶養手当を申請したところ，親が障害福祉年金をもらっているから手当は出せないと言われました。目の見えないお父さんがいて，お母さんが障害をもっていない世帯には，その子どもに児童扶養手当が出て，その上お父さんに障害福祉年金が出されています。それなのに，私のように障害者で福祉年金をもらっている母子世帯の子どもには手当が出されません。このことがどうしても不思議で，納得がいきません。児童扶養手当は子どもに，障害福祉年金は障害者である私に出されるものではないのですか。裁判を起こしたのはお金目当てではなく，私の後に続く若い障害者の苦労を思ったからです。どうか，私の言い分を聞いてくださるよう裁判所にお願いします。」

これは堀木訴訟の主人公・堀木文子さんが，最高裁判所大法廷の口頭弁論で述べた言葉であるが，ここにはこの裁判を通して訴えたかったことがすべて言い表されている。

堀木さんは，多くの視覚障害者がそうであるようにマッサージ師として生計を立ててきたが，低収入でかつ不安定な女手ひとつの暮らしのなかで，せめてわが子には人並みの生活をさせてやりたいと児童扶養手当を申請したのである。しかし，児童扶養手当法（1961年公布，翌年施行）には，母または養育者が公的年金を受けているときには支給を停止するという併給禁止条項があり，これにより堀木さんは手当を受給できなかったのである。堀木さんの最大の疑問は，同業の男性障害者世帯が準母子世帯として扱われ手当も年金も受給しているのに，それと比べれば生活条件が厳しいと考えられる自分のような障害離別母子世帯に限って，なぜ手当が支給されないのかという点にあった。

堀木さんは兵庫の視覚障害者団体の支援を受け，児童扶養手当法の併給禁止条項は憲法13条，14条，25条に違反するとして，神戸地裁に提訴したのは1970年のことであった。当時，児童扶養手当は月額2,100円，障害福祉年金は同2,900円であった。

1972年，神戸地裁は堀木さんの訴えを全面的に認め，障害母子世帯の子どもに児童扶養手当を支給しないのは，「法の下の平等」を定めた憲法14条に違反し無効であるとの判決を下した。この判決は多くの国民の支持と共感をよ

び，国会でも判決の翌年，併給禁止条項を改め，児童扶養手当と障害および老齢福祉年金との併給を認める法改正を全会一致で行った。訴訟という形態で法律の矛盾を衝くことにより，司法を通じて立法の改正に道をひらいたという点で，特筆すべき成果を収めたといえよう。

しかしその一方，控訴は維持され，1975年大阪高裁は堀木さんの訴えを退け，逆転敗訴を言い渡した（同判決については7-2節参照）。堀木さんはただちに上告，その後1981年に最高裁大法廷に移行し，82年の口頭弁論を経て，同年7月判決となった。最高裁判決は，憲法25条の規定は「国権の作用に対し，一定の目的を設定しその実現のための積極的発動を期待するという性質のもの」であって，国民が権利として生存権の実現を国に請求できる性格ではないとした上で，この規定を現実の立法として具体化するにあたっては，「国の財政事情」など「政策的判断を必要とする」ので，「立法府（国会）の広い裁量に委ねられている」としている。司法府の判断が及ぶのは，「それが著しく合理性を欠き，明らかに裁量の逸脱・濫用と見ざるを得ないような場合」に限定されていると述べ，違憲判断のあり得る余地を狭い範囲で認めてはいるが，堀木訴訟のように誰が見ても納得できず，それゆえ法改正までなされた併給禁止条項は，この場合には当たらないというのである（『堀木訴訟運動史』参照）。

(2) **無拠出制の年金・手当におけるナショナル・ミニマムの意義**

堀木訴訟が提訴される3年前の1967年，夫婦が老齢福祉年金を受給する場合は，夫婦双方から年金を減額する措置がとられていたが，これは憲法14条違反であると訴えた牧野訴訟が提訴されている（1968年勝訴，70年に和解成立により終結）。また，1970年には，宮訴訟，岡田訴訟が提訴されているが，争点は，わずかな普通恩給ないし遺族扶助料を受給しているため老齢福祉年金が支給されないのは，憲法違反であるというものであった。

これらの訴訟で問題となった児童扶養手当や老齢福祉年金は，保険料の納付を要しない無拠出制度であり，財源は全額公費である。政府はこれら無拠出制の手当や年金において，併給禁止や夫婦受給制限などさまざまな受給上の制約を課していたのであり，牧野訴訟に始まるこれらの裁判は，主として「法の下の平等」という観点から，無拠出制の手当や年金における受給制限条項の撤廃を求めたものであるが，訴訟の背景には，それらの水準の低さがあったことも見逃すことはできない。老齢福祉年金を例にとると，制度発足時（1959年）の年金額は，農村部における老齢単身者の生活扶助額の半分にあたる月額1,000

円とされたように、生活保護基準を大幅に割り込んで設定されたのである。牧野訴訟の例でみるなら1967年時点で老齢福祉年金の月額は1,300円に過ぎず、しかも夫婦の場合はこれを全額支給するのではなく、双方から月額250円減額されていたのである。

一連の無拠出制の手当・年金にかかわる訴訟の意味をナショナル・ミニマムの確立との関連で捉えると、朝日訴訟では生活保護基準で「健康で文化的な最低生活」が営めるよう保障を求めたのに対して、堀木訴訟や牧野訴訟などでは、無拠出制の手当・年金における受給制限条項を撤廃することによって「健康で文化的な最低生活」の保障を求めたものということができよう。つまり、ナショナル・ミニマムの確立は生活保護制度によってのみ行われるのではなく、無拠出制の手当・年金額の引き上げと併給によっても達成されるべきであるということである。

7-6 知的障害者の障害基礎年金支給を求める審査請求事件

障害のため就労できず無収入であっても、低賃金であっても所得保障制度の対象とならない場合がある。その原因の一つに、所得保障制度で定められている障害認定基準が、障害者の日常生活や社会生活上の不自由・不利益を認定の対象にしていないという問題がある。つまり、就労などの社会的不利(handicap)や日常生活の制約(disability)は大きいにもかかわらず、機能・形態上の障害(impairment)が「軽い」という理由で、所得保障制度の対象から排除されることである。障害認定にかかわる不満は強く、これを是正することはわが国の所得保障制度の課題の一つであるが、是正へ向けての取り組みの一例として、筆者が代理人として関与した障害基礎年金の審査請求事件を紹介したい。

この事件の主人公は、広島市在住の松末耕平さんという知的障害をもつ(診断書ではIQ 60)青年で、養護学校高等部を卒業後製パン工場に勤務したが、作業能率が低いとの理由によって、給料は最低賃金額を大幅に下回り(最低賃金法の適用除外扱い)、20歳を迎える頃は約8万円であった。日常生活は同居の母親の手によって支えられていたが、両親は、いずれは本人が世話人のケアを受けながら暮らすグループホームへの入居を希望していた。ところが、グループホームへの国庫補助額は、世話人の人件費にも足りない水準であり、食費や家賃等の負担を考えれば、彼の給料のみで生活をまかなうことは困難であることから、障害基礎年金の受給は切実な要求であった。

20歳以前に障害を受けた者には、20歳から障害基礎年金が支給されるので、

その誕生月に受給の申請をした(1990年12月)が，申請の1か月後，不支給通知が届いた。理由は「あなたの障害の状態が国民年金施行令に定める障害等級に該当しないため」ということであった。母親は不支給決定をくつがえす方法は裁判しか残されていないと考え，弁護士等にも相談していたが，審査請求(不服申立)を経ていないと裁判を提起できないし(「審査請求前置主義」という)，不服申立で聞き届けられる可能性も絶無ではないという筆者らの助言にしたがって，広島県の社会保険審査官宛てに審査請求を行った(1991年)。筆者や弁護士も加わった代理人は，アメリカ精神遅滞学会の定義などに依拠して，松末さんは障害基礎年金2級に相当する障害者であるとの意見書を提出したが，審査官の容れるところとならず棄却となった。この時点で訴訟を起こすことも可能であったが，厚生省に置かれている社会保険審査会に再審査請求することもでき，そこで認められなければ裁判所に訴えを起こすこともできるので，松末さんは再審査請求を提起した。1992年5月に社会保険審査会で公開審理が予定されていたが，同年4月に審査会事務局から本人の調査を行いたいとの連絡があり，調査が実施された結果，4月28日付で「保険者が原処分を変更し，障害基礎年金2級に該当する」としたので，事実上この審査請求は勝利を収め，幕を閉じることになった。

　本件の最大の成果は，機能障害のレベルでは比較的「軽い」といわれる知的障害者にも年金受給の道が開かれたことであり，本件をきっかけに生まれた「無年金障害者をなくす会」の支援により，年金を受給できるようになった「軽度」知的障害者は，現在までに広島県下だけでも百数十人を数える。

　また，本件によって問われたのは，国の障害認定基準それ自体である。社会保険庁が示している知的障害の認定基準は，「精神能力の全般的発達の遅滞」の程度となっている(『国民年金・厚生年金保険障害認定基準の説明』)が，所得保障制度で問題になるのは，「精神能力の全般的発達の遅滞」の程度そのものではなく，それが日常生活や社会生活を営む上で，どのような制約をもたらしているかにあるはずである。つまり本件は，主として機能障害で判定している現行の障害認定基準の抜本的改定を示唆しているのであり，障害認定機関についても，現在のように障害認定医員(医師)のみによるのではなく，リハビリテーション従事者やソーシャルワーカーなど，日常生活や社会生活における不自由・不利益を判定しうる専門家も配置すべきこととなろう。

　このようにみてくると，松末さんの審査請求は年金支給の適正化という外皮をまとっていたが，その内実は現行障害認定基準の欠陥を是正し，無年金障害

者の年金受給権を確立しようとする点に本質を見出すことができよう(本件について詳しくは鈴木勉『ノーマライゼーションの理論と政策』第8章を参照のこと)。

7-7 所得保障と人間発達——所得保障で福祉は実現するか

先に述べた「無年金障害者をなくす会」の活動が始まってしばらく経った頃、わが子が年金を受給できるようになった母親たちに、年金の使途を聞いたことがある。答えの大半は、「将来に備えて貯金させている」であった。つまり、せっかく年金が支給されても、将来の生活「保障」のために現在の生活が犠牲にされ、同世代の人との生活上の格差は縮まっていないということである。しかも、将来(親亡き後)、年金や貯金が彼らの必要に応じて使われるという確たる保証は一切ないのである。

障害基礎年金は広義の福祉制度のひとつといえるが、知的障害者の大半は、それを受給できるようになっても、現状では年金を受給する前の暮らしとほとんど変わっていないことに気づき愕然とするとともに、改めて福祉とは何かを問わなければならないと考えさせられたのである。これを敷衍していえば、所得保障制度の水準がナショナル・ミニマムとして確立したとしても、福祉が実現したとは、にわかには断定できないということになる。

この問題に関連して、1998年度のノーベル経済学賞を受章したアマルティア・センは、財や所得が大きいほど福祉(well-being)が実現したとみなす論者たちへの批判として、財や所得の所有者は、誰もがその特性を活かし得るわけではないという事実を対置している点が注目される。確かに、知的障害者の多くは金銭管理能力に制約があり、年金が支給されても年金という現金の特性を活用することが苦手で、現金を生活に必要な物資やサービスに転換することが困難である。つまり、仮にナショナル・ミニマム原則に立つ所得保障制度が確立し、所得水準が他の同世代の市民と同等になったとしても、実際の生活は相変わらず低位に置かれたままである場合が多いということになる。センは、財や所得の確保がそのまま福祉の実現につながるわけではなく、人間が財との間で、「さまざまな生き方＝機能の充足」を行う存在である点に注目して、「ニーズを基本的潜在能力という形で解釈」し、「財から財が人間に対してなすことへと注意の方向を変えること」を主張して、「基本的潜在能力の発達」をはかることが福祉の目的であると述べているのである(『福祉の経済学』、鈴木興太郎訳)。

センによって拓かれた視点は，知的障害者に対する福祉援助のあり方にも示唆を与えるものとなっている。すなわち，年金受給を彼らの社会的自立や人格発達の条件とするためには，金銭管理能力の制約という能力障害に配慮しながらも，本人の意欲や援助のあり方によっては，能力障害は可変的であることに留意して，障害ゆえに金銭の使用を制限するのではなく，そうした機会を多様に設定すること。さらに，自立とはすべてを自分の力でできるようになることではなく，自分ができないことを他者に依頼することが自立である（依存的自立）ことをふまえ，他者の助力を自ら求めるよう支援することも重要になろう。

このようにセンは，「財と人間」の関係を問うことで，福祉の把握に画期をもたらしたといえるが，「人間と人間」の関係については論及していない。「人間と人間」の関係を問題にする理由は，社会の構成員がそれぞれの「能力のちがい」を認め，それを受容する関係が成立しなければ，真に福祉が実現したとはいえないからである。知的障害者の場合，自ら設定した目標に接近するべく意欲的に努力を払い，それに援助がうまくかみ合ったとしても，やはり能力上の制約は残る。その際に問題になるのは，社会を構成するすべての人々が，彼らを「普通の市民」として受け容れるよう，障害者に歩み寄ることである。なぜなら，障害の有無にかかわらず，社会的規模で「よりよき自立のための，よりよき依存関係」（河野，1990）を形成することが，人間と社会にとって快適な状態を創出することになるのであり，友愛原理に立脚する社会こそ福祉社会というべきだからである。

研究課題

1. ナショナル・ミニマム論は，障害者の労働・生活保障制度の確立にあたって，どのような意義をもっているか，検討しなさい。
2. 朝日訴訟，堀木訴訟の争点と判決を検討しなさい。
3. 財や所得が大きければ大きいほど福祉は実現したといえるのか，アマルティア・センの福祉（well-being）理論をふまえて検討しなさい。

引用・参考文献

朝日訴訟運動史編纂委員会編　1982　『朝日訴訟運動史』草土文化社
ウェッブ，S. & B.　1897　『産業民主制論』（高野岩三郎監訳，法政大学出版局，1969）
河野勝行　1990　『障害児者のいのち・発達・自立』文理閣
鈴木勉　1999　『ノーマライゼーションの理論と政策』萌文社
セン，A.　1985　『福祉の経済学—財と潜在能力—』（鈴木興太郎訳，岩波書店，1988）

ベヴァリッジ，W.H.　1942　『社会保険および関連サービス』（山田雄三監訳，至誠堂，1969）
堀木訴訟運動史編纂委員会編　1987　『堀木訴訟運動史』法律文化社
ロブソン，W.A.　1976　『福祉国家と福祉社会』（辻清明・星野信也訳，東京大学出版会，1980）

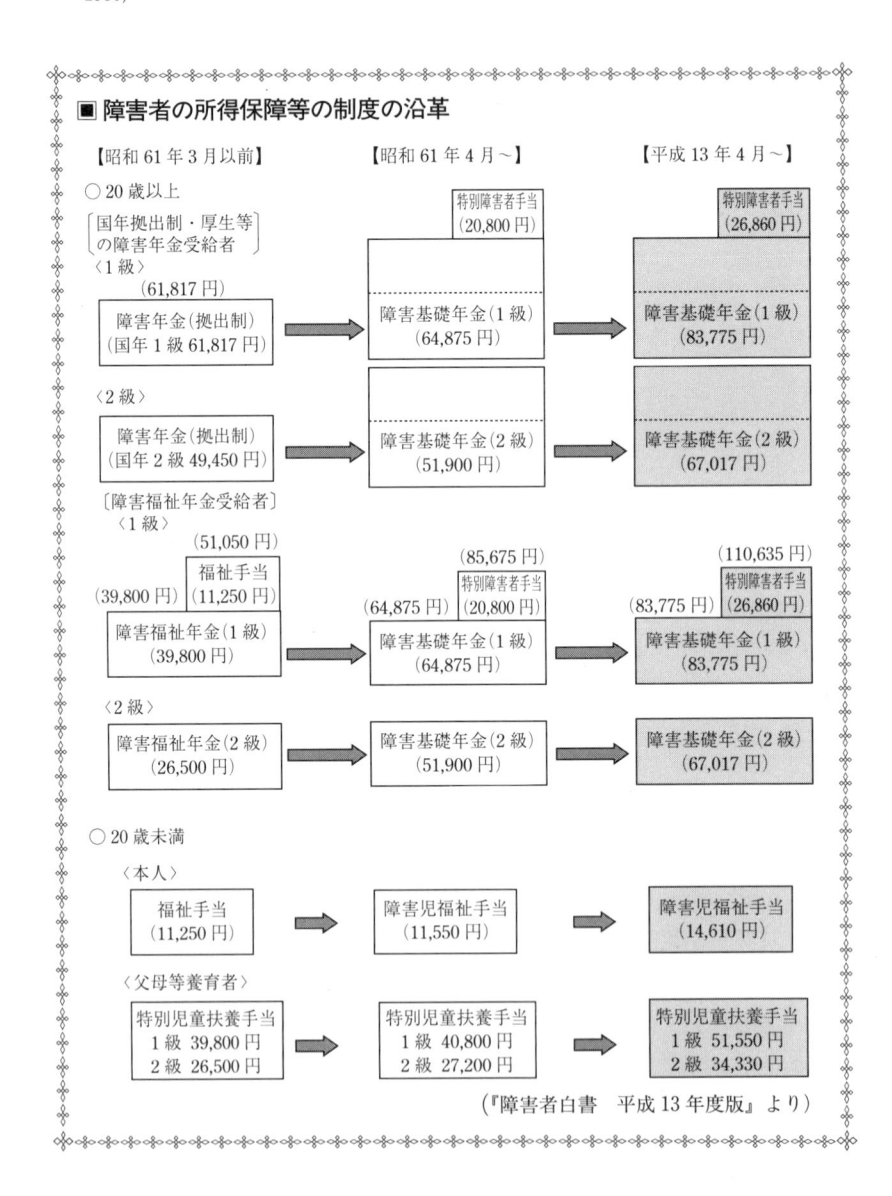

■障害者の所得保障等の制度の沿革

	【昭和61年3月以前】	【昭和61年4月〜】	【平成13年4月〜】
○20歳以上			
国年拠出制・厚生等の障害年金受給者		特別障害者手当 (20,800円)	特別障害者手当 (26,860円)
〈1級〉	障害年金(拠出制) (国年1級 61,817円)	障害基礎年金(1級) (64,875円)	障害基礎年金(1級) (83,775円)
〈2級〉	障害年金(拠出制) (国年2級 49,450円)	障害基礎年金(2級) (51,900円)	障害基礎年金(2級) (67,017円)
〔障害福祉年金受給者〕			
〈1級〉	福祉手当 (11,250円) / 障害福祉年金(1級) (39,800円) 合計(51,050円)	特別障害者手当 (20,800円) / 障害基礎年金(1級) (64,875円) 合計(85,675円)	特別障害者手当 (26,860円) / 障害基礎年金(1級) (83,775円) 合計(110,635円)
〈2級〉	障害福祉年金(2級) (26,500円)	障害基礎年金(2級) (51,900円)	障害基礎年金(2級) (67,017円)
○20歳未満			
〈本人〉	福祉手当 (11,250円)	障害児福祉手当 (11,550円)	障害児福祉手当 (14,610円)
〈父母等養育者〉	特別児童扶養手当 1級 39,800円 2級 26,500円	特別児童扶養手当 1級 40,800円 2級 27,200円	特別児童扶養手当 1級 51,550円 2級 34,330円

（『障害者白書　平成13年度版』より）

8 社会福祉基礎構造改革と今後の課題

8-1 はじめに

　20世紀の最終盤，1998年から2000年にかけて，障害者福祉の世界を「基礎構造改革」という言葉が席巻した。わが国では1990年代半ばから，「構造改革」もしくは「改革」のスローガンの下に，あらゆる分野で戦後の諸制度の見直しと法改正がすすめられてきたが，社会福祉分野においても，保育所入所方式の措置制度の廃止(1998年)，介護保険法の施行(2000年)などの「改革」が進行していた。障害者福祉の「基礎構造改革」もその一環であったことは言うまでもない。これらの「改革」が進む過程で，はたして誰のための「改革」かという論議が繰りひろげられた。本書の締めくくりとして，この間の「改革」の論点を整理し，今後の障害者福祉の展望を探ることにする。

8-2 障害者福祉における「基礎構造改革」
(1) 1980年代の障害者福祉

　わが国の障害者福祉が開始されたのは第二次世界大戦後のことである。身体障害者福祉法の制定(1949年)から知的障害者福祉法の制定(1960年)まで10年余，精神障害者が福祉の対象となるまでにはさらに多くの年月が経過した(精神障害者保健福祉法の制定は1987年)。また，雇用や所得保障の制度も並行して整えられてきたが，同時にそれらを総覧したときの総合性の欠如，法の対象からこぼれ落ちる人々が多数存在することなど，さまざまな問題点が指摘され，各種障害種別に組織されてきた障害者団体が大同団結して，わが国の権利の水準を全面的に見直す取り組みに着手したのが1980年代であった。それは，第1章で述べたように，国連の国際障害者年の提起に呼応するものでもあった。

　「障害者対策に関する長期計画」(1982年)によってわが国初の政策の計画化がなされ，障害者制度・施策がそれまでとは異なる規模で展開されようとした

一方で，同じ時期，国の政策全体として臨調「行革」と呼ばれる財政縮減策が各方面で開始されていた。臨調「行革」とは，政府の諮問機関である第二次臨時行政調査会(1981年設置)によって提起された一連の「行政改革」策であり，社会保障における国家責任を縮小する方策をつぎつぎと打ち出していった。たとえば，老人保健法による老人医療費無料化の廃止，福祉施策実施に関する国庫補助率の引き下げ(10分の8から10分の7へ，さらに2分の1へ)などである。

こうした財政面での国の責任の後退は，同時に「日本型福祉社会」という巧みな世論誘導を背景にしてすすめられた。すなわち，個人の自助自立と家族や近隣による相互扶助を前提として，対象を可能なかぎり限定した上で社会福祉の機能を論じようとする考え方である。

1980年代の障害者福祉は，真田是が指摘するように，遅れて出発した障害者福祉が，国際障害者年という国際的な後押しを受けて大きく発展しようとした時期であると同時に，その発展のなかに「日本型福祉社会」論を組み込まざるをえなかった時期であるといえよう。

(2) 社会保障制度審議会「95年勧告」の役割

1990年代に入ると国庫財政の支出抑制策から一歩踏み込んで，戦後の社会福祉制度の骨組みを変えようという政府の動きが活発になる。つまり，個々の施策に支出すべき財政を削減する策を繰り返すのではなく，社会福祉への財政支出の仕組みそのものを変更しようという政策転換に着手したのが90年代の特徴である。

二宮厚美は，戦後の社会福祉の特質について，アメリカ占領軍(GHQ)が日本に提示した三原則——①無差別平等の原則，②公的責任の原則，③必要十分の原則(ナショナル・ミニマム)の3点が，戦後福祉の出発点となったと指摘して，三者の関係において公的責任が特別に重要であると次のように述べている。

> 「第一の無差別平等の原則とは公平性の確保，第三の必要十分原則とは福祉の水準にかかわる原則であり，これらを実現するには第二の公的責任原則の達成が要求されるという関係にある。……後者の公的責任が欠落していては前二者の原則の達成は保障されえない。その意味で，公的責任原則は福祉三原則のなかでも特別の地位を占めると考えられる。」

これらの原則は憲法第25条の生存権の保障に直結するものであり，これを

実現するための仕組みが措置制度である。措置制度とは一般に「社会福祉六法に規定されている『福祉の措置』を実施する行政機関の職務権限に基づいて福祉サービスが提供されるシステム」（浅井春夫）と理解されている。たとえば障害者が施設の入所を希望した場合，都道府県が判定を行い（更生相談所などの役割），入所先を決定する。同時に施設に対して必要な経費が措置費として支出される。これらの過程は「行政処分」と呼ばれ，ここに公的責任が具体化されているのである。そして措置制度を軸とする制度の運用こそ，戦後日本の社会福祉の基礎であり，特質と言えるものであった。

社会福祉基礎構造改革のねらいは，この「基礎」の部分の変更である。

その方向性を公にしたのが社会保障制度審議会による「社会保障体制の再構築に関する勧告」（1995年7月）である。

たとえば，「勧告」は福祉サービスの供給は必ずしも公的部門でなくてもよいと次のように述べる。

「社会福祉や医療のサービスについては，その歴史的経緯もあって，従来から公的部門が直接供給するだけでなく，社会福祉法人や医療法人など私的部門によっても相当程度提供されてきた。近年はこれらに加えて，住民参加型の福祉サービス供給組織等の非営利団体やシルバー産業・医療関連産業等の営利企業などもサービスを提供することが多くなっている。これらの民間の活動が国民の生活をより豊かにするものであれば，これらが社会福祉や医療の分野に参入することには問題がないと考えられる。」

そして，その財源について国民の負担を増大する方向で論理を展開している。

「社会保障制度を充実する財源については，社会保障体制再構築の見地から現行制度の見直しにより効率化を図るとともに，高齢者の介護など立ち遅れの著しい分野への配分を大幅に高めるべきである。この場合，増大する負担については，自立と連帯の精神にのっとり，国民のだれもが応分の負担をしていくことが必要である。」

「社会保険は，その保険料の負担が全体として給付に結び付いていることからその負担について国民の同意を得やすく……今後とも我が国社会保障制度の中核としての位置を占めていかなければならない。したがって，増大する社会保障の財源として社会保険料負担が中心となるのは当然である。」

「勧告」の内容はこの直後，高齢者福祉の分野において介護保険制度として一部現実のものとなった。すなわち，それまで租税による一般財源で実施されていた高齢者福祉から保険システム（保険料を財源に組み込み，保険加入者に対してサービスを提供する）へと転換が図られたのである。さらに，社会福祉の仕組

み全体に対して「勧告」の理念を具体化しようとしたのが社会福祉基礎構造改革である。具体的な内容を見てみよう。

(3) 社会福祉基礎構造改革

先にふれた社会保障制度審議会の「95年勧告」以降, 関連する審議会等において, 社会福祉基礎構造改革の具体的な内容の検討がすすめられた。その主なものは次のとおりである。

厚生省社会福祉事業の在り方に関する検討会『社会福祉の基礎構造改革について(主要な論点)』(1997年11月)
中央社会福祉審議会社会福祉構造改革分科会『社会福祉基礎構造改革について(中間まとめ)』(1998年6月)
中央社会福祉審議会社会福祉構造改革分科会『社会福祉基礎構造改革を進めるにあたって(追加意見)』(1998年12月)

芝田英昭はこれら一連の文書が指摘する措置制度の問題点4点を次のようにまとめている。すなわち,「①サービスの対象者が行政処分の対象者, ②効率性や創意工夫に欠ける, ③選択や利用しやすさの面で問題, ④利用者と提供者の間の法的な権利義務関係が不明確」である。芝田はつづけて, これらの諸点は「措置制度固有の問題とするよりも, 運用上の問題である」と述べ, 代わって導入される利用契約制度や社会福祉サービスへの市場原理の導入を批判しているが, 社会福祉基礎構造改革はこうした措置制度の是非を表面上の論議としながら, しかし社会福祉の公的責任論などを十分に論議することなく進行していった。そしてわずか1年余の検討によって「現行措置制度は, 一般的な事業の効率性や創意工夫を促す誘因に欠け, 利用者にとって選択や利用しやすさの面で問題がある」(主要な論点)との指摘から「事業者に対する措置費から利用者に対する利用助成へ」という, 社会福祉基礎構造改革の根幹の改革が結論づけられ, 社会福祉事業法等の改正(2000年5月)にいたったのである。

社会福祉基礎構造改革の全体像を表8-1に示す。ここに記された四つの柱を具体化すべく, 社会福祉事業法, 身体障害者福祉法, 知的障害者福祉法, 児童福祉法などの法律改正が行われた。これら改正の特徴を端的に述べるならば, それは福祉サービスの利用における契約制度の導入と供給側における市場原理の導入, そして社会福祉における公的責任の後退である。権利擁護機関やサービスの質に関する内容は, 新しい福祉サービスの展開上生じるであろうさまざまな問題を未然に防止するためのものとして位置づく。ここでは利用契約

表 8-1　社会福祉基礎構造改革の方向

(1) **利用者の立場に立った社会福祉制度の構築**
①福祉サービスの利用制度化
　行政が行政処分によりサービス内容を決定する措置制度—原則廃止→利用者が事業者と対等な関係に基づきサービスを選択する利用制度
　※公費助成については，現行水準を維持
　※利用制度になじまない制度については，措置制度を存続
②利用者保護制度の創設
ア)地域福祉権利擁護制度(仮称)
　○自己決定能力の低下した者の福祉サービスを支援するための成年後見制度を補完するものとして創設
イ)苦情解決の仕組み
　○当事者間の自主的な話し合いによる解決を促進する観点から，
　　・施設内での第三者立会いによる苦情解決の促進
　　・都道府県ごとに苦情解決のための第三者機関を整備

(2) **サービスの質の向上**
①良質なサービスを支える人材の養成・確保
　○福祉専門職にふさわしい知識，技術，人間性の獲得を目指し，教育課程，実習，卒後継続教育のあり方を検討
②第三者によるサービスの質の評価の導入
　○福祉サービスの質を確保するため，サービスの質を評価する第三者機関を整備
③事業の透明性の確保
　○事業運営の透明性の確保，サービス利用者の選択及び安心感の確保に資するため，
　　・サービス内容や経営情報の開示義務化
　　・市町村，社会福祉・医療事業団による情報提供体制の整備

(3) **社会福祉事業の多様化・活用化**
①社会福祉事業の範囲の拡充
　○社会福祉に対する需要の多様化などに対応し，
　　・権利擁護のための相談援助事業
　　・障害者の情報伝達を支援する事業
　　などを追加
②社会福祉法人の設立要件の緩和
　○地域におけるきめ細やかな活動を推進するため，
　　・資産要件
　　・通所授産施設の規模要件(20人以上)
　　の引き下げ
③多様な事業主体の参入促進
　○事業や主体の性格に配慮しつつ，サービスの質，事業の継続性，安定性の確保などを考慮して検討
④社会福祉法人の運営の弾力化
　○社会福祉法人が期待される役割を積極的に果たせるよう，法人の財務・会計制度に関する緩和

(4) **地域福祉の充実**
①地域福祉計画の策定
　○基盤整備の総合的・計画的推進，住民の自主的な活動と公的サービスの連携などを目的として，都道府県・市町村において地域福祉計画を策定
②社会福祉協議会，民生委員・児童委員，共同募金の活性化
　○社会環境の変化や事業基盤の強化の観点から，制度の理念，目的，事業内容などについて見直し

中央社会福祉審議会社会福祉構造改革分科会「社会福祉基礎構造改革の全体像について」(1999年12月)

制度，市場原理の導入，公的責任の後退が社会福祉基礎構造改革のねらいであるということにまずふれるにとどめ，以下，その内容を概観することにする。

なお，障害者プランについて一言ふれておく。社会福祉基礎構造改革の主要な論点が示された1997年という年は「ノーマライゼーション7か年戦略」(障害者プラン)の期間である。障害者対策に関する新長期計画を具体化するために数値目標をも含んで設定された障害者プランは，これ以降こうした社会福祉基礎構造改革の動向を前提として進められることになる。すなわち，わが国の障害者施策の推進が，プランの数値目標の達成よりは，社会福祉基礎構造改革にそった制度改革をいかに実現するかという方向に向かっていったとも言えるのである。

8-3 社会福祉法等の改正と支援費制度
(1) 社会福祉法等の改正とは

2000年5月に成立した社会福祉法等を一部改正する法律によって，わが国の社会福祉に関する規定に大きな変更があった。それは社会福祉の基本的理念や社会福祉法人の諸規定など旧社会事業法から社会福祉法への改正の各条項に反映している。ここでは基本的な理念にかかわる部分を見ておこう。

社会事業法第3条(基本理念)「国，地方公共団体，社会福祉法人その他社会事業を経営する者は，福祉サービスを必要とする者が，心身共に健やかに育成され，又は社会，経済，文化その他あらゆる分野の活動に参加する機会を与えられるとともに，その環境，年齢及び心身の状況に応じ，地域において必要な福祉サービスを総合的に提供されるように，社会福祉事業その他の社会福祉を目的とする事業の広範かつ計画的な実施に努めなければならない。」

社会福祉法第3条(福祉サービスの基本的理念)「福祉サービスは，個人の尊厳の保持を旨とし，その内容は，福祉サービスの利用者が心身ともに健やかに育成され，又はその有する能力に応じ自立した日常生活を営むことができるように支援するものとして，良質かつ適切なものでなければならない。」

両者の対比で明らかなように，旧法には少なくとも国や地方自治体は社会福祉の事業の「実施に努めなければならない」とあったが，新法はそのような義務は消え，福祉サービスは良質でなければならないという，福祉の質だけが残った。では国や地方自治体の役割は何か。それは第6条に「福祉サービスの提供体制の確保等に関する国及び地方公共団体の責務」として記された。すなわち，社会福祉法という基本的な法律において，国や地方自治体の義務は福祉サービスの実施ではなく施策の計画立案であることが明言されたのである。

また社会福祉法等の「等」には障害者福祉にかかわる三つの法律——身体障害者福祉法，知的障害者福祉法，児童福祉法——が含まれる。これらの法律についても，「利用者主体」「利用者の立場に立った福祉」の制度へ変更するために支援費制度導入に合わせた改正が行われた。

(2) 支援費制度の特徴

障害者福祉の分野に導入されることになった支援費制度の概念図が第6章（図6-3）に示されている。この図の上下，すなわち措置制度と支援費制度を比較すると，この「改革」の特徴が見えてくる。

第1は，利用者が事業者にサービスの申し込みをし契約を結ぶという行為が新しく組み込まれたことである。これこそ「利用者の立場にたつ」あるいは「利用者主体」を具体化したシステムである。実際には事前の相談や施設・施策の紹介は市町村の役割として残っているが，サービスを選ぶのは利用者である。

第2は，利用者と事業者の間に直接的な金銭授受関係が生じるということである。つまりこの仕組みの基本には，福祉サービスを事業者から購入するという考え方があり，利用者は本来支払うべき利用料の一部を負担し，その残りを国や市町村が代行して事業者に支払うというシステムである。したがって措置制度のもとでの市町村が行う「費用徴収」とはまったく異なる性格の金銭授受関係であることに注目する必要がある。

第3に，国や市町村から事業者へ支払われる費用の性格も変更された。措置制度のもとでの措置委託費は，行政から委託されて福祉サービスを実施する事業者に対して支出される費用，すなわち公的責任の裏付けとしての性格をもっていたが，支援費は第2の点でふれたように，利用者のサービス購入の代理払いという位置づけとなった。

第4に，「委託事業者」から「指定事業者」への変更によって，福祉サービスの実施者が社会福祉法人等に限定されず，いわば「緩和」されたことである。指定事業者とはそれまでの最低基準等とは別に定められた指定基準をクリアすることによって都道府県から指定を受けたもので，NPOや生活協同組合なども一定の基準をみたしていれば事業を実施することができる。民間の会社でも可能である。

これらから，たとえばホームヘルプという福祉サービスを利用する場合，支援費制度開始の前と後でまったく同じ時間，同じ内容であったとしても，社会福祉の仕組みとしては大転換を遂げていることが理解されよう。まさに「基礎

構造改革」の具体化としての支援費制度なのである。

(3) 支援費制度の問題点

　利用者主体の福祉という言葉への期待とともに，支援費制度によってこれが本当に実現するのだろうかという懐疑の念がぬぐえない背景には，2000年4月に開始された介護保険制度がかかえる問題が眼前にあるからである。「介護の社会化」をテーマにつくられた制度であるにもかかわらず，開始後1年足らずで採算の合わない地域から撤退する事業者（大手企業）のことが報じられたり，その後もヘルパーやケアマネージャーの絡んだ事件，介護保険報酬の不正請求などおよそ福祉とは程遠い問題がつぎつぎと露呈した。支援費制度は保険制度は採っていないが，利用契約，利用料の一部負担（介護保険のように応益負担＝利用したサービスの1割というしくみではないが）といった考え方の「基礎」は介護保険に通底している。民間事業者の導入という規制緩和もしかりである。

　利用者主体でサービスを選択できるという仕組みをつくり出さなければならないことは関係者の指摘するところである。しかし，先に述べた社会福祉の公的責任の原則が後退している点に加えて，障害者施策の現状，障害者と家族の生活の実際などを総合的にみるならば，支援費制度は制度開始後もさまざまな改善を迫られることは必至であろう。

　利用者負担や施設運営の諸経費，施設設備等々，支援費制度の詳細にかかわる問題にはふれないが，少なくともこの制度の運用や利用の前提として改善されるべき次のような課題があると考える。

○福祉サービスの量的・質的整備
　障害者プランが進められたとはいえ，わが国には「選択」を可能にするだけの施策，施設は十分ではない。特に都市部とそれ以外の地域の格差は大きく，人口規模の小さな市や町村の中には障害者の利用できる施設，施策がまったくないところも多い。基盤整備を急がなければならない。

○ケアマネジメントの展開
　利用の申請，事業者との契約に至る過程で，どのような福祉サービスが利用できるのかを調整したり計画するケアマネジメントの事業を重視する必要がある。高齢者の介護保険ではここの部門の専門性を認め，一連の過程にケアマネージャーが位置づいているが，障害者福祉では施策化が見送られた経過がある。利用の意思を表明できない重度障害者への対応においてもケアマネージャーの役割が重要になる。

○権利擁護にかかわる仕組み

福祉サービスが契約や金銭授受関係を媒介して提供されるがゆえに，苦情処理，権利擁護の仕組みを迅速に機能させる必要がある。第6章(6-6節)で論述された第三者評価事業や地域福祉権利擁護事業が障害をもつ人たちの立場に立って運用されなければならない。

8-4　おわりに

「社会保障制度は，みんなのためにみんなでつくり，みんなで支えていくものとして，21世紀の社会連帯のあかしとしなければならない。これこそ今日における，そして21世紀における社会保障の基本理念である。」

「国民は自らの努力によって自らの生活を維持する責任を負うという原則が民主社会の基底にあることはいうまでもない。」

先に紹介した社会保障制度審議会95年勧告の一節である。「みんなで支える」「自らの努力」という心地よい言葉の陰に，戦後社会福祉制度が原則としてきた公的責任の理念は消えてしまったかのような文言である。こうしたなかであるからいっそう，「国は，すべての生活部面について，社会福祉，社会保障及び公衆衛生の向上及び増進に努めなければならない」とする憲法第25条第2項は，障害者と家族の日常生活の中にこそ生かされなければならず，新しい社会福祉制度の下で，そうした観点で改善を求めていく必要がある。

市町村に整備されるべき施策・施設について，人たるに値する生活を保障する水準に高めるための「最低基準」を定めること，その量的な整備のための財源の保障などは，国として責任をもってすすめるべきことの第一であろう。自治体間の格差は，市町村に権限が移譲されることによって必然的に生じるものではない。本来，どこに生まれようが，どこで暮らそうが，福祉をはじめとする諸サービスが同じように受けられなければ不平等というものである。そうした事態をこそ規制する権限と助成措置を，国の役割とすべきであろう。

本書の最後にあたって，第1章でふれた国際的な障害者権利保障の今日的な動向にふれておこう。

その一つは1993年から2002年までの10年間取り組まれてきた「アジア太平洋障害者の10年」(国連アジア太平洋経済社会委員会[ESCAP]による)が，新たに「10年」を継続することを決定したことである。「アジア太平洋障害者の10年」は，戦争や貧困など社会的な課題を解決することを視野に入れて，10年間，計画の実行と評価，見直しといった実効ある活動の各国間の交流をつづけてきた。これらの活動において草の根の力を発揮してきたのは，各国の非政府組織(NGO)の障害者団体である。各国NGOの活動がそれぞれの国の

制度・施策を変えてきた。こうした近隣諸国との交流を通じて，つねに自国の障害者の権利保障の水準を点検していくことが重要である。

　もう一つは，国連の障害者権利条約をつくりあげようとする動向である。第1章で述べた国連の動向，すなわち障害者権利宣言を出発点として，国際障害者年，国連障害者の10年という一連の活動はその後も継続され，現在，国際的に承認できる水準をもった障害者の権利に関する条約をつくるという方向をめざしている。1993年に国連総会で採択された「障害者の機会均等に関する標準規則」を用いたモニタリング活動や障害者差別禁止を国内法に盛り込むなどの各国の積極的な取り組みによって，2001年末から2002年にかけて，障害者権利条約実現に向けた具体的な提案がいくつかの国からなされている。子どもの権利条約の例でも指摘されるように，国際条約の論議には10年でも足りないほどに長い時間を要する。しかし，世界人権宣言から半世紀を過ぎ，21世紀に入ってようやく，障害者の権利を高めるための共通の「宝」が生まれようとしている。ここに，障害者権利保障運動のたしかな足跡をみることができる。

研究課題

1. 社会保障制度審議会「95年勧告」の全文を読み，その主張するところを討論しよう。
2. 複数の市町村の障害福祉の窓口をたずね，支援費制度の広報などを入手して比較してみよう。
3. 「アジア太平洋障害者の10年」について調べなさい。

引用・参考文献

浅井春夫　2000　『新自由主義と非福祉国家への道』あけび書房
浅井春夫　2000　『市場原理と弱肉強食の福祉への道』あけび書房
真田是　1998　「障害者福祉の政策」『障害者福祉学』（秦安雄・鈴木勉・峰島厚編）全障研出版部
芝田英昭編著　2001　『福祉国家崩壊から再生への道』あけび書房
社会保障制度審議会　1995　「社会保障体制の再構築に関する勧告」
二宮厚美　2001　『新自由主義的改革と戦後福祉レジームの岐路』障害者問題研究，**28**(4)，4-12

索　引

あ　行

朝日訴訟　140
アジア太平洋障害者の10年　157
あっせん型雇用支援センター　77
アドヴォケート　2
依存的自立　147
1歳6か月健診　22
ウェッブ夫妻　138
ウォルフェンスベルガー　3
ADA法(障害をもつアメリカ人法)
　　8,98
援護付き雇用　68
応益負担方式　123
応能負担方式　123
親なきあとの保障　84

か　行

介護保険施設　119
介護保険制度　60, 119, 123, 126
介助員　71
学童保育　54
　　――所　55
きょうされん　125
行政改革　150
共同作業所全国連絡会　83
居宅介護サービス　130
居宅生活支援費　121, 126
グループホーム　85, 107, 110, 117, 129
ケアマネジメント　123
更生施設　114
交通権憲章　102
交通バリアフリー法　102
公的責任　121

高齢障害者　119
国際障害者年　5, 63, 97, 129
　　――行動計画　135
雇用継続　72
雇用率制度　67
ゴールドプラン21　130

さ　行

在宅福祉　129
最低賃金除外申請　117
作業施設　114
3歳児健診　22
支援費支給制度　121, 126
支援費制度　87, 155
事業費補助制度　123
施設オンブズマン制度　127
施設訓練等支援費　121
肢体不自由児施設　130
肢体不自由児通園施設　28, 129
市町村母子保健計画　23
児童福祉施設　110
　　――最低基準　114
児童福祉法　20, 107, 110
児童扶養手当法　142
社会的価値の有価値化　4
社会福祉基礎構造改革　86, 107, 121, 152
社会福祉協議会　127
社会福祉事業法　107, 120
社会福祉法　107, 121, 127
社会防衛論　1
社会保障制度審議会　151
就学時健診　24
自由権的基本的人権　141
重症心身障害児施設　111, 130

重症心身障害児(者)通園事業　113
重度身体障害者更生施設　119
重度身体障害者授産施設　119
就労支援のネットワーク　76
授産施設　117
　　——相互利用制度　85
手話通訳者　71
巡回相談事業　130
障害基礎年金　110, 144
障害構造論　6
障害児施設　110
障害児者施設サービス共通評価　128
障害児相談支援事業　127
障害児通園(デイサービス)事業　28, 126
障害者基本法　7
障害者権利条約　158
障害者雇用促進法　68
障害者施設　108, 114
障害者就業・生活支援センター　77, 78
障害者対策に関する長期計画　59
障害者に関する世界行動計画　6
障害者の機会均等化に関する標準規則　9
障害者の権利宣言　5
障害者プラン　59
障害認定基準　145
障害をもつアメリカ人法(ADA法)　8, 98
小規模作業所　129
小規模通所授産施設　81
情緒障害児短期治療施設　113
職域開発　77
　　——援助事業　68
職場定着　72
　　——チーム　72
職場適応訓練　77
所得保障　117
　　——制度　135
ショートステイ　58, 59
　　——サービス　130

身上監護　127
身体障害者及び知的障害者福祉ホーム　117
身体障害者更生援護施設　119
身体障害者相談支援事業　127
身体障害者福祉法　107, 114
身体障害者療護施設　117, 130
スーパーバイザー　47
生活施設　114, 117
生活保護施設　119
生活年齢　31
精神障害者社会復帰施設　118
精神障害者地域生活援助事業　130
精神遅滞者の権利宣言　5
精神薄弱者地域生活援助事業　129
精神保健及び精神障害者福祉に関する法律(精神保健福祉法)　74, 114
生存権の基本的人権　141
生存権保障　20
成年後見制度　127
セン　146
全身性障害者介護人派遣事業　62
先天性代謝異常　18
措置　120
　　——機関　120
　　——制度　123, 151
　　——費　120

た　行

第三者評価事業　128
第二次臨時行政調査会　150
第二種社会福祉事業　127
代弁者(アドヴォケート)　2
脱施設化運動　4
ダブルカウント　68, 70
短期入所事業　58
地域生活援助事業　117
地域生活支援センター　109, 110
地域福祉権利擁護事業　127
地域保健法　22

索　引

地域利用施設　114, 117
治具・治工具　84
知的障害児通園施設　129
知的障害者援護施設数　119
知的障害者更生施設　114
知的障害者相談支援事業　127
知的障害者地域生活援助事業　129
知的障害者通園施設　28, 129
知的障害者通勤寮　109, 129
知的障害者通所授産施設　109
知的障害者福祉法　107
知的障害者福祉ホーム　129
痴呆性高齢者グループホーム　130
痴呆対応型共同生活援助事業　130
痴呆対応型共同生活介護　130
調整金　69
通園施設　111
通所施設　107
通所授産施設　129
デイサービス　59, 117, 130
統合保育　39
特別な教育ニーズをもつ子どもの割合　35
特例子会社制度　69

な　行

ナショナル・ミニマム　138
難聴幼児通園施設　28, 129
ニィリエ　3
日本型福祉社会　150
入所施設　107, 111, 129
乳幼児健診1974年大津方式　24
納付金制度　67
ノーマライゼーション　2, 107, 129

は　行

発達障害児　30
発達要求　30
発達年齢　31

ハートビル法　98
バリア・フリー現象　93
バリア・フリー・デザイン　103
バンク・ミケルセン　3
福祉工場　75, 117
福祉社会　147
福祉的就労　81
福祉のまちづくり　97
ベヴァリッジ　139
保育の実施　121
放課後生活　52
保健師　23
保健所　20
保護雇用　75
補佐　127
母子手帳　20
母子保健行政　20
母子保健計画　25
母子保健法　20
補助　127
ホームヘルプサービス　59
堀木訴訟　142

ま　行

牧野訴訟　143
問題行動　30

や　行

要介護認定　123
養護学校教育義務制　111
四つのバリア　102

ら　行

療育　130
――機関　113
利用契約制度　40, 121, 125, 127
レスパイトケア　58
老人福祉法　119

編者略歴

清水 貞夫
しみず さだお

1962 年　東京大学教育学部卒業
1971 年　宮城教育大学講師
1988 年　宮城教育大学教授
　　　　　現在に至る

主な著書
障害児教育改革の展望（共編著，全障研出版部）
「軽度」精神遅滞の教育計画（田研出版）
障害児のための授業づくり（全障研出版部）

中村 尚子
なかむら たかこ

1978 年　東京学芸大学大学院修士課程修了
1979 年　全国障害者問題研究会出版部
1991 年　東京学芸大学特殊教育特別専攻科
　　　　　講師
1997 年　法政大学文学部講師

© 清水貞夫・中村尚子　2003

2003 年 6 月 20 日　初版発行

障害児教育シリーズ 4
障害者福祉の現状・課題・将来

編　者　清水貞夫
　　　　中村尚子
発行者　山本　格

発行所　株式会社　培風館
東京都千代田区九段南 4-3-12・郵便番号 102-8260
電　話 (03)3262-5256(代表)・振替 00140-7-44825

新富印刷組版・平文社印刷・坂本製本
PRINTED IN JAPAN

ISBN4-563-05774-6 C3337